今までにない職業をつくる

甲野善紀
Kohno Yoshinori

ミシマ社

まえがき

今年私は、六十六歳になりました。身長は一六八センチ、体重は五八キロから五九キロの間ぐらいでしょうか。ですから、体格的にもごく普通で、痩せているというほどではありませんが、太っている状態ではけっしてないと思います。

その私が、私よりも若く体重も二〇キロ以上重いような日本を代表する柔道の選手と、いわゆる組み手争いをしたとき、相手の選手が私の手を払えないということが起きています。

組み手争いは柔道で自分に有利な体勢に持ち込むため、必ずと言っていいほど行われるものですが、私が行うと相手が大きな選手であっても、私の手を払うことができず、払おうとしてかえって体勢を崩すようなことが起こります。

猛稽古を続けてきた日本を代表するような選手にとって、これはそれまで体験したことがないようなことなのでしょう。訝(いぶか)しげな顔をされ、時には「もう笑うしかない」と笑い出されたりもします。しかし、あまりにも現在の柔道の常識と違うためか、こうした出会いから私の技に積極的な関心を持ってもらえることはほとんどありませんでした。

また、柔道以外の武道、格闘技の例でいうとレスリングでは、現代の柔道では禁止されている下半身へのタックルが重要な攻撃技の一つとなっています。このタックルは、武道、格闘技においてきわめて有力な攻撃方法の一つで、そのことは警察官が犯人を逮捕する際、かなりの確率でこれを使っていることからもわかります。つまり、実際の攻防の際、タックルはきわめて有効なわけですが、現代の柔道では禁止になってしまいましたし、そうした稽古をまったくやっていない合気道などは、タックルされるのは大変苦手なようです。私ももともと合気道をやっていましたから、武術の研究に入ってかなり経ってからでも、本気でタックルしてくる相手に対してこれに対応することは困難でした。

それがだんだんと動きの質が変わってきて、ここ一年ほど前から、以前とはまるで違う対応力が出てきました。これがどれほど有効かは、二〇一四年、ある高校のレスリング部に招かれて、そこに集まっていた約二〇人ほどの部員から入れ替わり立ち替わり何十回となくタックルをしてもらい、すべてそれをつぶすことができたことからもわかります。この場合、つぶすというのはタックルされそうになってそのタックルを切って逃げたということではありません。まさにタックルに来るところを私が、床を蹴らずに後退して、相手を私の前にうつ伏せの状態に沈めたということです。これも現在のアマレスの常識にはないことらしく、高校生たちは興味をかき立てられたようで、このときレスリング部の顧問の先生が「生徒たちがこんなに興味深そうに生き生きとした目をしているのを初めて見ました」と言われていました。

さらに、剣道においても最近は「今から右籠手を打ちますから用心していてくださいね」と予告して右籠手を打つにもかかわらず、それを何度繰り返しても防げないので、やはり剣道家に不思議がられるようになっています。これを体験した、六段、七段といった段位の方々の中から、「剣道を始めて四十年、こんなに一方的に打たれ、防ぎようがないということを初めて経験しました」という声も出ていました。また、武道以外でも、例えばサッカーやバスケットボールの競り合いなどで、私を相手にして止めた選手は一人もいません。

こうしたことがなぜ可能になったかと言えば、それは私が「動きの質」というものをずっと追求してきたからだと思います。現在は、若い頃に比べて体力が落ちていることは紛れもないことですが、現実に今述べたように、武道関係者やスポーツ選手と手を合わせて驚かれるようなことができるようになってきたのです。

私が「動きの質」ということに焦点をしぼって深く考えるようになったのは、かつて私が合気道を稽古していた頃、一時期は誰よりも稽古熱心と言われていたのにもかかわらず、自分自身納得のいくような技の上達がみられなかったからです。「ただ教わった形をなぞってその動作を繰り返すということをどれほど続けていても、けっして驚くような上達はありえないのだ」ということを、そのとき私は確信したのです。

私一人が上達しないのなら私の才能不足ということもありますが、先輩で上手と言われる人たちとも稽古をしましたし、私がこの人と思い定めた師範の先生にも、それこそ煩(わずら)わしがられるほど張り付いて技をかけてもらいましたが、そうした人たちであっても、他武道の関係者に驚かれるような技を発揮できると思えるような方は、残念ながらほとんど見受けられませんでした。

しかし私自身は、昔の名人達人と呼ばれるような武術練達の人物の存在を確信していましたから、「そうした〝常識にはない驚くような技〟ができるかどうかは、稽古法がその鍵を握っているに違いない」という考えが揺るぎなくありました。そのため、今から三十五年ほど前の一九七八年、「武術稽古研究会」という小さな研究団体を立ち上げて、どうすれば動きが質的に転換した「術と呼べるほどのもの」を身につけられるようになるのか、という研究を始めたのです。そして、現在に至るまでの間、私には分不相応なほどの運にも恵まれ、世間の常識では引退し、完全に指導のみに専念しているような年齢となってようやく、若い頃の夢であったような動きが実現でき始めているのです。

結果的に、私は一度も「どこかに就職する」ということを経験しないまま、何か他に職業をもって武道や武術の稽古をするということではなく、専門職としてどこかの武道団体に所属するわけでもなく、武術研究を行ってきました。そして、その研究成果をもとにスポーツ等だけではなく介護や楽器演奏のアドバイスもするという「今までになかった武術の応用範囲を拡げた武術研究者」として生きてきました。

なぜこのような職業を選ぶことになったかというと、二十代の初めに、将来関わろうとした農業畜産のあり方に関して、どうにも打ち消しがたい疑問を感じ、それをキッカケに現代の医療や教育のあり方など、現代社会の常識そのものの不自然さが自覚されるようになってきて、「人はなぜ生きるのか」「人間にとっての自然とは何か」という根本問題を私なりにさまざまに検討するようになったからです。

そして、そこから宗教的な世界にも関心を持ってアンテナを伸ばしていくうち、禅や荘子などに深い影響を受けて、二十一歳になって間もなく「人間の運命は完璧に決まっていて、同時に完璧に自由である」という、「運命の定・不定の一体感」に疑いようもない確信を持つに至ったのです。

この、思想的にはゆるぎないものが得られたとき、実践面でもこのことを心の底から実感、体感したいと思い、それには現実に身体を通して行うことでは最も必然性のある「武」の道で確かめたいと思って、まず合気道に入門しました。そしてその後、鹿島神流(かしましんりゅう)や根岸流といった武術に触れ、さらに私自身本当に納得のいく形でこれを追求したいと思い、二十九歳のとき、「武術稽古研究会」を立ち上げ、松聲館(しょうせいかん)道場を建てて、独自に武術探究の道に入ったのです。そして三十五年、自分の信念で拓(ひら)いてきた道は間違っていなかったという思いはありますが、「運命の定・不定の一体感」の感得にはまだまだ道は遠いというのが実感です。

しかし、ここ数年、具体的には本書で詳述しますが、対社会的には、私が関わってきた学問、スポーツ、介護、音楽等さまざまなジャンルの中から、同じように「今までにない職業」で生きる人たちが、少しずつ現れてきています。

食、農、医療、外交、そして環境などあらゆる分野で問題が山積する現代社会において、見栄(みえ)や既得権益でがんじがらめにされて身動きできなくなるようなことにならず、あくまでも自分自身の正直な実感を通して自分の道を切り拓く若者が一人でも多く出てきてもらえることが、私の願いでもありますし、これからの日本の希望でもあると思います。

私が現在のようなあまり他に例がないジャンルの仕事を開拓するうえで大変大きな影響を受けた、整体協会の創設者、野口晴哉（はるちか）先生は、ご自身で書かれた『五分間自叙伝』の中で、次のように述べられています。

産まれは入谷、育ちは上野、明治四十四年九月に出生……中略……学歴皆無、ただ自分の眼で見、自分の頭で考え、自分の脚で歩く。……後略

とにかく自分の感覚を育て、現在の我々が置かれている状況をよく観察し、自分自身がより納得できる生き方をするために、自分の仕事を選ぼうという若い方々の参考に本書がなれば、私としても大変嬉しく思います。

今までにない職業をつくる　目次

第三章　武術とは変わり続けるもの

第四章 「常識」の外へ

第五章 今までにない職業をつくる

第六章　身体実感が世界を変える

第一章

原初的な人間の意欲を呼び覚ます

現代武道の稽古の問題点
「明日稽古が休みだと嬉しい……」

ものを学ぶというときに、現代は頑張って努力することがいいように思われていますが、頑張って、努力して行うということが、必ずしも効率のいい学び方とは言えません。それは、幼い子どもが学ぼうという意識的努力を伴っているとはまったく思えないのにもかかわらず、いやむしろ、そういう意識的努力をしていないからこそ、驚くべき速さで言葉を習得していくことからもわかると思います。

例えば、日本に生まれれば、その環境の中で育つだけで基本的な生活に困らない程度の言葉は誰でも自然としゃべることができるようになります。それどころか、もっと基本的な能力である「ものを見る」という能力などは意識による「努力をするような状態」になっていないからこそ身に付く能力だと思います。

ものを見る、認識するということが、どれほど複雑で困難なことであるかは、生後間もなく失明し、その後成人してから開眼手術を受けた人が、物が物として認識できるようになるのに大変な苦労を強いられ、中には今まで平穏な暗闇の中の世界にいたのに、突然、心を掻き乱される新たな情報が無理やり入ってくるために、精神を病んでしまう場合さえあることからも想像できると思います。つまり、ものが見えるということは別に当たり前で何の努力も要らないように思われますが、これは大変な訓練の結果、できるようになっている能力で、その訓練の時期が、意識がまだ発達していない時期だからこそ、負担と感じずにできているのだと思われます。

ものを学ぶということは、意識を持つようになった人間にとっては、じつは困難なことなのです。ただでさえその状態なのですから、「努力しろ」「真面目に集中しろ」などと上から強制されていては、その能力はますます萎んでしまうでしょう。ですから、ものの学び方というのは本当は、もっと検討されてしかるべきだと思います。

武術の稽古においてそれを実感するのは、例えば、私のところに稽古に来ている人たちの中でもとくに熱心な人たちは、私との研究稽古を大変楽しみにしていて、非常に忙しい仕事もなんとかやりくりしてやって来ます。そしてその稽古をしている約二時間ほどの時間について、誰もが異口同音に「なぜ、この武術の稽古はこんなに早く時間が経ってしまうのだろう」と名残(なご)り惜しげに言うのです。

これに比べ、柔道などの強化選手は、「明日稽古が休みだと嬉しい」などとよく言っているようです。つまり、「苦しいことにも耐えてこそ結果がある」という、一般的に広く信じられている典型的なスタイルで稽古をしているわけですが、このように「日頃の稽古というのは、苦しい状態を我慢しつつやってこそ、なんとか身体が使えるようになる」と信じられていることは、誠に残念なことです。

私自身の経験からみても、こうした武道界の常識が健全なこととはとても思えません。現に私のところに稽古に来ている人たちは、強化合宿などでまるで仕事のように稽古をやっている人たちに比べれば、はるかに少ない稽古時間なわけですが、強化合宿をしている人たちにもできないようなことが、できるようになってきていたりします。なぜかというと、そうした人たちは、本当に興味を持って自発的に稽古をしていますから、何か技を研究するにしても連想が次々と浮かび、その技に対する観察眼もより深くなって、少しでも時間があれば、常に技のことを考えているからです。

こうした事実を見るにつけ、現在の柔道をはじめとする武道界のいわゆる猛稽古が、技のレベルを上げようとするうえで、逆に障害になっているように思えてなりません。

歴史と体育の中で社会も算数も理科も教える

私がこのような武術の稽古を通して実感した、ものを学ぶ学び方からみると、現在の学校教育のあり方はじつに問題が多いと言わざるをえません。しかも現在のように、環境問題をはじめ、さまざまな問題が噴出してきている中にあって、このように効率が悪く、学ぶ子どもたちがけっして幸せとは言えないようなことを、いったいいつまで続けるつもりだろうかと危機感すら感じます。

そもそも現在のような学校制度は、明治時代になって日本の教育レベルを欧米並みにするため、急遽（きゅうきょ）つくられた制度です。当時は、それはそれで仕方のない面もあったかと思いますが、現在のように、学ぶ気にさえなれば、高度な専門情報まで溢れている環境の中で、いつまでも明治時代のようなことをしているのはいかにもおかしいと思います。

しかも、現に教育レベルが上がってきているとは言えないという状況だとすれば、この現代の教育制度を本格的に検討し直すべきではないでしょうか。

今、私が教育に関して思うことは、現在、我々が置かれている社会のさまざまな問題点を、もっと若い人たちや子どもたちに切実に実感させ、将来のある若い人たちに、この先いったいどのようにしたらいいかを本気で考えてもらえるようにする必要があるということです。そのことを子どもたちに伝えることが、現代の教育で最も大切なことではないかと思います。したがって、現在のように学ぶことが義務化され、一種の苦役になっているような雰囲気自体、絶対に変えるべきでしょう。つまり、子どもたちや若者に「これからの時代をなんとかしなければならない」という志をまず持たせ、そのためには「現在わかっていることは何かを知って、これからどうするかを考えるようにしなければならない」と切実に思ってもらうようにするということです。

このことは、まず教育に関わる大人が、本気で自覚しなければできるはずがありません。しかし現状をみているかぎり、六三三制の見直しとか学校の新学期を九月にするとか、そうした本質的には何も変わらないようなことが論じられている程度で、教育のあり方自体を根本的に変えようという雰囲気はまるで感じられません。このような状況のもとでは、今後ますます厳しくなると思われるエネルギー問題や国際間の交渉事、そして何よりも切実な環境問題を真剣に考えるような人材が育つとはとても思えません。では、いったいどのようにしたらいいのか。私が思っていることをここに述べておきたいと思います。

すでに今まであちこちで語ったり、複数の本の中でも書いていますが、まず小学校低学年の子どもたちに対しては、算数や理科などと科目を細かく分けず、すべて歴史として、人類が今まで何を発見しどのように文明を形作ってきたかを学ぶようにするのです。つまり、その歴史の中で社会も算数も理科も教えるということです。ただ、本を読む必要があるので国語は必要でしょう。

そして大切なことは、子どもの好奇心を損なわないように体験学習を重視し、こうした教科を体育と交えながら身体を使ってやることを進めるのです。つまり、この場合、体育は工作や登山、片付けなどを含み、とにかく子どもたちの、ものを学ぼうとする意欲を損なわせないようにして、好奇心から生まれる発想を育み、これからの時代の中で役立つようなものの発明発見を促すようにするのです。したがって、この段階の教師には、専門知識よりも子どもたちがやる気を持つように導く能力が重要です。そうして子どもたちが学ぶことを嫌がらず、積極的に「自分たちがこれからの時代をなんとかしなければならない」と思うような雰囲気を教育に持たせることが、何よりも大切なことではないかと思うのです。

煙玉研究で化学がわかった

私自身を振り返ると、小学生のときからずっと学校の成績はよくありませんでした。勉強に関しては、「人間というのは、こういうめんどうくさいことをしなきゃいけないんだな」というくらいにしか思っていませんでしたから。ただなんとなく、教え方がまずいのではないかなと漠然とは思っていましたが、だからといってどうすればいいのか、勉強をすごく魅力的に面白く教えることができる人にまったく出会っていなかったので、わかりませんでした。

そうした中で、幼いときから武術的なことに憧れのあった私は、家の近くに生えていた木を伐ってきて削って木刀をつくったり、竹を伐って弓をつくったりして遊んでいました。そうして、テレビで忍者が活躍する場面などを見ているうち、忍者が使う煙玉をつくってやろうと思ったことがありました。

あの頃は、そうした火薬系の材料を手に入れるのも、あまりうるさくなくて、塩素酸カリウムなども、薬局で普通に売ってくれました。塩素酸カリウムや硫黄の粉、亜鉛やアルミの粉などをいろいろ買って実験を重ねるうちに、亜鉛の粉と硫黄の粉とだけで火をつけると、ものすごく煙が出ることがわかってきました。

とはいっても、周囲にそういうことに詳しい人がまったくいない中でしたから、苦心惨憺でした。当時は、ネットもなかったですし、本でも本当に情報がかぎられていました。ですから家にあった百科事典をひきながら、こうでもない、ああでもないと試行錯誤したのです。

そうすると面白いことに、突然、二カ月かそこらで、今までわけのわからなかった化学の反応式が、非常によくわかるようになったのです。私は化学の成績が本当に悪かったのですが、それが驚くほどよくなったのです。そのときに、「興味を持ってやればわかるし、一つわかれば、芋づる式にわかってくるのだ」ということを実感できたのは、自分にとっては大きな収穫だったと思います。

そのとき実感したことは、化学も教え方の工夫があまりにもないということでした。とにかく、人間の文明文化がどのように発展してきたか、というようなこととの関連が見えないので、とりつきようがないわけです。数学も中学になると「因数分解」などといったものが、何の脈絡もなく突然出てくる。本当に理不尽な感じがして、「なぜこうしたものが生まれてきた過程を教えないのか」「数学を物語風にすればずっといいのに」と、それは強く思いました。

子どもたちに、学ぶための関心を持つキッカケと、やり方の糸口や方法だけを伝えておけば、あとはどんどんひとりでにやっていきますし、そのほうが絶対成績もよくなり、他の分野との関連もみえてきて、学問が身に付くと思います。とにかく学ぶことの意味の必然性を感じさせることが大切です。ただ押し込んでこれとこれを覚えろというのは、すごくおかしいし、もったいないと思います。

その点、武術の場合には、「やらなければやられる」という必然性がじつにハッキリとしているため、「自分が納得する」という学びの原点に帰りやすいと思うのです。

私の場合、現在なら、技の考え方などで頭の整理ができていますから、例えば数学の話を聞いたりしても、理解力は高校のときよりもずっとあると思います。いろいろ自分から興味を持って学ぶでしょうし、「今の自分だったら、あの頃の自分に対して、とても面白く教えられるのにな」と思います。

刃物を目の敵にする、事なかれ主義

最近の世の中の傾向を見ていて、私がどうにも気になることは、刃物を使った犯罪などがあると、そのことですぐに刃物そのものを規制しようとする動きです。

以前から銃刀法によって、刃渡り六センチ以上のナイフは正当な理由がないかぎり、これを携行することを禁じられていますが、最近はその上に軽犯罪法などを適用させ、ごく小さな刃物であっても、時に警察官からいろいろと職務質問を受けたり、取り調べられるということが起きているようです。

そのような警察官とのやりとりで、私が直接聞き、あきれてしまった話がいくつかあります。例えば、運送業者が空になった段ボール箱を捌（さば）くためにトラックの運転席のダッシュボードにカッターを入れておいたら、それについても文句を言われたという話があります。また、職人が仕事に必要で持っていたねじ回しのドライバーにまでいろいろと言われたということもあったと聞いています。これらの例は住民の安全を守るための取り締まりというよりも、仕事の妨害と言ってもいいような事例だと思います。

なぜ、このようなことが起きてしまうのでしょうか。一つには、検挙率を上げて警察官としての成績を競わせようとする警察の体質から生まれる問題でもあるようです。検挙率というたった一つの基準で競わせるため、評価される警察官は競争心や不安をあおられて、このようなことをしているのでしょう。これでは、何のために取り締まりをやっているのかわかりません。

しかし、このように刃物を取り締まっていて、みな、刃物を使わなくなったら、いったいどうなるのでしょう。現在でも、将来子どもたちに技術家庭を教えることを希望している大学生に、ナイフで鉛筆を削らせたり、箸（はし）を作らせたりすると、昔の小学校低学年生でもそれよりはずっとマシだったというような、ひどく不器用な削り方をする学生が少なからずいるようです。このことについては以前、雑誌『ナイフマガジン』が特集を組んで「こんなことでいいのか」と問いかけていましたが、それは私もまったく同感でした。

少し考えてみればわかることですが、どのような技術でも幼いときからこれを訓練したほうがより高度なものが身に付きます。そうした将来身に付けるさまざまな技術の基礎は、より低い年齢のときから訓練を始めるほうが望ましいことは、教育関係者の誰もが認めていることです。そうであるならば、外科医とか、歯科医といった細かな手先の器用さを必要とする仕事のためには、幼いときから指先を訓練しておいたほうがいいことは論を俟ちません。

また、そうした医療関係だけでなく、「もの作り王国日本」と言われた日本の職人技術も、多分に幼い頃から器用に刃物を使ってものを作っていたことが影響していると思います。それが現在のように、刃物を目の敵にして子どもたちからこれを遠ざけていたら、優秀な外科医や歯科医が育たないのみならず、日本の国をこれから最も根底的に支えていかなければならないと言われている、そうしたもの作り産業に従事する優秀な人材が育つ芽を摘み、育つ土壌をなくしているということになります。

とにかく、最近の日本はコンプライアンスなどという言葉に振り回され、自分が責任を取らされることを恐れ、「事なかれ主義」ですまそうという気分が濃厚にあり、そのことがさまざまな面に悪影響を与えているように思います。これも「見栄や体裁さえ整えておけばいい」という現代日本の社会的な傾向が引き起こす弊害の一つだと思います。

刃物は、人が人として活動する原点にある道具です。よく言われることですが、「無人島に行って暮らさねばならないとき、何か一つ道具を持つとしたら?」と、アウトドアに詳しい人に質問すると、誰もが「丈夫なナイフ」と答えるほど、刃物はなくてはならない有用な道具なのです。それを、まるで犯罪の温床であるかのように忌み嫌うという現代の感覚は、なんとも情けなくもありますし、また社会や子どもたちに対して無責任だと思います。

なぜならば、子どもたちが人として、ちゃんと道具が使えるようになる機会を奪っているのですから。目の前の事件さえ起こらないようにしておけば「そのことで子どもたちが将来不器用で困ろうとも、別にそれは私の責任ではないから」という事なかれ主義の空気が、現代の日本の教育現場には蔓延(まんえん)しているように思います。それほど事故を起こす原因を嫌うなら、これだけたくさんの事故を起こしている自動車の規制をしてもよさそうなものだと、私などつい皮肉を言いたくなってしまいます。

生命のはかなさを教えない危険

こうした全体や本質を見ず、部分のみをいじって体裁を整え、その問題への対応を行ったかのようなフリをしてすませる現代の傾向は、本当に嘆(なげ)かわしいことだと思います。そして、こうした体質が、実質の伴わない学歴社会を維持させ、それに関連して陰惨ないじめがいつまでも収束しない状況を続けていることにもつながっているのだと思います。

また、日本のハイテク技術は、その少なからぬものが中小企業の職人の工夫などによって生まれていますが、そうした職人を養成するのに、工学部での教育がどれほど役に立っているかというと、じつはそれがほとんど役に立ってはいないという話を、私はその分野の関係者から聞いたことがあります。ここでも実質的な能力より、お飾りに過ぎない大卒といった資格が就職にも幅を利かせ、本当に優れた能力があるかもしれない者の活躍の場を狭めているのではないかと思うと、じつに情けない気持ちになります。

また先ほど触れた刃物に関する話ですが、幼いときから刃物を使うことを身に付けさせる必要性は、その刃物の有用さと危険さをしっかりと弁(わきま)えさせるという意味でも重要なことだと思います。この話も以前何かに書いたことですが、ある小学生が料理の時間に包丁で自分の手を切り、パニック状態になって大騒ぎをしたことがありました。なぜ包丁で手を切った程度でパニック状態になったかというと、現代の日本のように、なんでも安全、安全という世の中に育ち、およそ刃物を持ったこともなかったその子は、初めて包丁を持って野菜を切るとき、「これだけなんでも安全という世の中だから、包丁というものは野菜は切れても人の手が切れたりはしないようにできているのだろう」と思っていたそうなのです。

大人の常識から見れば、開いた口が塞(ふさ)がらないようなこの子の認識ですが、現代の日本は、そう思い込む子どもが育つような時代になっているのです。子育てにおいて、基本的に安全な環境というものは必要ですが、生命体というのは脆(もろ)いものであり、ときに僅(わず)かなミスで命を落とすはかない存在でもあるのだということを、子どもたちに教えることも必要だと思います。また、刃物の危険さをあまり自覚していないと、何か精神的に追いつめられたとき、刃物を持って人を殺傷するようなことも、かえって起こしやすいことになるようにも思います。

そうした意味でも、少々の怪我をしようとも、子どものうちに刃物を使う体験をさせることが大事なことだと思います。もちろん、少々の危険ではすまない事故につながることもあるかもしれませんが、それを恐れて危ないことは何もさせなかったとすると、将来、自分の身の危険も正当に感じ取ることができず、また他者への影響も想像がつかないで「こんなつもりではなかった」という言葉のみを繰り返す、本当に役に立たない人間が大量に生まれてしまうように思います。

そんな人間ばかりになったとき、例えば大震災などという事態が襲い、それまでのライフラインがすべて止まってしまったら、いったいどうなるのでしょう。また、そうした非常事態を考えるまでもなく、手先が利かず、そこからさまざまな世界に発想が広がっていかないことは、その子自身にとっても不幸なことだと思います。

とにかく、物事というのは、便利な面、プラスな面があれば、必ずマイナスな面もあるのですから、そうしたことを自覚し、子どもたちが人としてより深く物事が考えられるように、さまざまな体験を積ませるべきだと思います。教育に関わる人たちは、こうしたことをしっかりと考えていただきたいものです。

以上、さまざまに述べてきましたが、「人が人として暮らしやすい世の中を作ることに誰もが異存はないと思われるのに、それがなぜなかなかそうはいかないのか？」という根本的理由を、できるだけ多くの方々に考えていただきたいと思います。そうすれば、自分たちがつまらぬ見栄で窮屈な社会を作っているのだという愚行に、少しは気付いていただけるのではないでしょうか。

これからの時代を切り拓く人材を育てる

最近、いじめが原因で自殺したという悲惨なニュースを聞くことがしばしばありますが、そうしたニュースに接するたびに私が思うことは、「もし、その子の周囲に本当に自立した価値観を持った大人がいて、その子に接していれば、きっとそうはならなかっただろうに」ということです。

どういうことかというと、現代は「落ちこぼれ」などという言葉に象徴されているように、絶えず「人と同じ、世間並みに」といった「無意識のうちの縛（しば）り」に多くの人が身動きならない状態にさせられているように思うからです。

しかし、これはよく考えてみれば、ずいぶんとおかしなことで、「明治以降の教育はいったい何のためにあったのか？」と思わざるをえません。教育とは、本来人が人として自らの生を全うするためにあるものですから、教育によって「自分が生きているとは何か、人はどう生きるべきなのか」ということをしっかりと考えられるようにするべきなのです。しかしながら現代はその教育が、ただ人間が生きていく上での見栄を助けるものになっていて、公立の学校ですら、その教育の主眼は実質的には受験のためになってしまっています。

そうした状況では、「とにかく人並みに」ということが求められ、自立した価値観で世の中を生きていこうなどという志はおよそ育まれません。

聖書に「若き日に、あなたの造り主を覚えよ。悪しき日がきたり、年が寄って、『私にはなんの楽しみもない』と言うようにならない前に」（口語訳『聖書』旧約聖書、伝道の書第十二章一節）という有名な言葉がありますが、この「造り主（神）」という言葉を「人としてどう生きたらよいか」というふうに置き換えれば、何もキリスト教にかぎらず、すべての人に共通するきわめて普遍的な格言になると思います。

つまり、現代のような、環境破壊とエネルギー危機が深刻化し、人心荒廃が進む中で、「これからどのように生きていったらいいのか」ということが、今までよりも一層厳しく問われる時代にさしかかっているにもかかわらず、その時代に対応するために根本的な発想の転換を促すための教育はまったく行われていないのですから、これは本当に大きな問題だと思います。

自立した価値観を持つ大人がいて、その考えに子どもが物心ついた頃から触れていれば、単純な受験という制度だけで自分の能力が評価されるような社会に根本的疑問を持ち、自分は自分の世界を切り拓（ひら）いていこうとすると思うのです。

しかも、現代はそうしたオリジナルな価値観を持った若者を大変必要としています。そしてこうしたユニークでオリジナルな生き方ができると同時に、人と人とのコミュニケーションが取れる能力のある若者も求められています。なにしろ最近は国と国との交渉も難しい問題が増えてきていますから。これからの教育はこうしたさまざまなユニークな能力を持った若者を、どうすれば養成できるか、についても考えていかなければならないと思うのです。

とにかく、現代はさまざまな場面で今までにはない世界を切り拓いていける人材を必要としています。ですからこれからの時代は、それに沿った教育の仕方が、ぜひ、工夫されるべきだと思います。

介護される側も武術を学ぶ意味

武術がスポーツに役に立つ以外に、武術とは一見関係ないように見える人にも有用なのは、介護やリハビリといった面にも応用が利くことです。介護に関しては、私の武術の動きをもとに、介護福祉士の岡田慎一郎氏が「古武術介護」なるジャンルを立ち上げ、その講習で日本中から要請を受けて駆けまわっているほど、武術の動きを介護に応用するということがかなり知られるようになりました。ただ、それでも現状を見るかぎり、まだまだこれが広まっているとは言えません。

人を抱き起こしたりするとき、掌(てのひら)をちょっと返して、手の甲にあたる部分を相手に当てるだけで、それを行わない場合とはまったく違った働きが生まれることは、体験した人全員が実感するほどたしかなことです。それなのに、なぜこのことがもっと広く普及しないのか不思議ですが、ここにはその業界に携(たずさ)わってきた人たちの見栄や利権といったようなものがあるのだと思うのです。

「古武術介護」に関しては、すでに何冊も本やDVDが出ていたりしますから、関心のある方はそちらを見ていただきたいと思いますので、ここで詳しくは触れません。ただ、ハッキリと言えることは、一般家庭で家族を介護している人たちにはメンツも何もありませんから、この介護法を知って取り入れられれば得るところは少なくないということです。

今ここでお話ししたいのは、そうした「介護をする側が武術の身体の使い方を身に付けていると、そうした動作が楽になる」という話よりも、「介護されている側になりそうな人が武術を学ぶことで、それまでつかまり立ちをしないと歩きづらかったような状況からしっかりと歩けるようになったり、いろいろな動作を自信を持って行えるようになった」ということです。私のところで武術、中でも主に剣術に関心を持っているK氏が、ある縁で高齢の女性に武術を教えるようになったところ、リウマチなどもあり日常の動作にも不自由を感じていた女性が、ずいぶんとしっかり動けるようになったという話を聞いて、私は、このことを世間に広く提案したいと思いました。

いわゆるリハビリとして、ただ身体を動かすことを目的に無味乾燥なトレーニングをするよりも、例えば「ああいうふうに刀を振ってみたい」とか「刀を鞘(さや)から抜いたり納めたりする動きをやってみたい」という、強い動機づけがあって行う運動のほうが、ずっとリハビリ効果があるということだと思うのです。

その理由は、おそらく武術が原初的な人間の意欲を引き出すことに向いているからではないかと思います。なぜなら武術は人間にとって、身を守るという最も本能に直結した動きですから、そうした動作は、潜在的に誰もが興味を持ちやすい要素があるのだと思います。そして、その武術で道具を使うということは、ひときわその人の興味を引き出す働きがあるのでしょう。なんといっても人間は、道具を使う哺乳類であるということが、他の哺乳類とは違った大きな特色なのですから。

私は、今まで、武術を介護技術として、そうした福祉面に応用することを提案してきましたが、K氏の話を聞き、リハビリにも著しい効果があるのだということに、あらためて気付かされた思いがしました。

最近はトレーニングなどでも「どこをどう動かす」といういわゆる科学的説明は非常に多く行われているようですが、その人がその動きを情熱を持って行い続けられるかどうかという面からの研究は、ほとんど耳にすることがありません。

しかし、人が何かを行おうとするとき、その基盤に興味があるかないかということがきわめて大きな要素であることは、誰にも異論がないと思います。ですから、そうした意欲を引き出しその動きを行うことで、結果としてリハビリになるというようなあり方が一番自然なのではないかと思うのです。このことに関し、より理解のある理学療法士や介護福祉士の方々が現れれば、現在のリハビリの効率もずっとアップされるのではないかという気がします。

教育においてもそうですが、およそ人間が何かを行おうとするとき、そのことに意欲を持てるかどうかということはきわめて重要なことだと思います。これからは、教育界にせよ、リハビリなどの介護福祉界にせよ、そうした人間が本来持っている意欲のあり方に目を向けられる人材が育つことを、心から願っています。

第二章

武〝術〟としての動きを得るために

力ではなく〝術〟と言えるレベルの動きとは

本章では、私が約三十年間、さまざまな工夫検討をしてきた結果、現在の武道やスポーツの常識とは根本的に異なった原理による動きができるようになってきた具体例をいくつかご紹介して、身体の使い方も研究次第でまだまだ多くの可能性があることを考えていただきたいと思います。

もちろん、そうした動きといっても、昔の武術の名人、達人といった人たちの動きに比べたら、まったくレベルの低いものですが、それでも武道なりスポーツなりを、それぞれの世界で専門として行っている人たちからは、「そんなことができるものか。まるで漫画じゃないか」と思われるかもしれません。しかし、よく考えていただきたいのです。現在多くの人が当たり前のように使っている携帯電話は、昔の人から見ればとてもにわかには信じられないような機器であったでしょう。それが、それなりの原理を通して作れば実際に遠く離れた人との会話が可能となっているわけです。身体の技の場合は、こうした機器以上のことがあることを理解していただきたいと思います。何しろ人間の心身の働きは、まだまだ非常に謎が多いのですから。

もちろん、人間の身体で行う技術ですから、原理がわかったからといって誰もがすぐできるわけでもありません。ただ技によっては、ある程度は、教わってすぐにほとんどの人ができるものもありますので、そうした技を通して実際にこんなこともできるのだということを理解していただければ幸いです。

まず、柔道において少し以前に私が開発した革新的な技術についてご紹介しましょう。

これは、相手がこちらを投げようとしてきたとき、一瞬で相手を崩すか、無効にする技術です。柔道では、相手が何か技を仕掛けてきたときに、その裏をとって返す「返し技」というものがありますが、私がこれから解説する技は、一般に知られている、そうした「返し技」とはかなり原理が異なる動きです。もちろんこれは、その技の術理（原理）がわかったからといって一朝一夕にできる技ではありません。ただその有効さと応用範囲の広さからいって、研究を行うに足る技だと思います。

では、その技の術理を説明しましょう。

この技の基本的原理はきわめて簡単です。例えば山登りに使う大きな重いリュックサック（バックパック）を背負おうとしたとき、不慣れな人がそれを手伝おうとして手を出し、手伝うつもりがその重さに驚いてよろめき、このリュックを少し横に引っ張ったと考えてみてください。するとどういうことになるでしょうか。おそらく、そのリュックを背負おうとした人もバランスを崩し、しりもちをついてしまうでしょう。私が今解説しようとする、柔道に応用が利くという返し技は、つまりはこの原理を使っているのです。

人間は二本足の動物で、絶えずバランスを取りながら行動しています。柔道において、相手を投げようとする際、その技を掛ける人は自分の体勢をかなり変形させた形で技を掛けてきます。つまり、背負い投げのように背負うにしても、内股や大外刈り（おおそとがり）のように自分の足を相手に掛けて相手を崩すときでも、瞬間的には片足立ちになるわけです。このような不安定な体勢でもなぜ倒れないのかといえば、これから投げようとする相手をある種の杖（つえ）や支えにして、バランスを取りつつ相手を投げているからです。これに対して、投げられそうになった相手は、自護体（じごたい）と呼ばれる腰を落とした体勢を取ることで投げられまいと、対応することが常識のようです。

返し技　背負おうとしてきた相手を、力を使わずに一瞬で崩す。

けれども私が提案する方法は、投げられようとした瞬間、その人間が、先ほど例に出した背負いかけのリュックがひょいと横に動いたような状態を作るということなのです。そうすると、投げようとした相手は一瞬相手の重心を見失うと同時にその見失った重心が予想外のところに突然出現してくるので、大きく崩れるというわけです。

こう解説すると、「そんなことができれば、とうの昔にみんなやっているよ」と思われる方はきっと少なくないでしょう。もちろん、投げられそうになった相手がひょいと動くときに、普通に誰もが行うように足で床を蹴って動いていたら、まったくこの原理の技は成立しません。相手が投げられまいとしていろいろ動くということは、多くの柔道家にとっては十分に予想していることであり、今までにもさんざん経験しているので、そんなことをしても場合によっては逆に思い切り投げられかねません。しかし、多くの柔道家が今まで試みたであろう身体の逃げ方は、ことごとく床を蹴る動きだと思うのです。この動きでは投げようとした技の掛け手に技を掛けられまいとして逃げていても、その身体の重心移動を追尾されますから、ある程度の技術を持った柔道家なら、問題なく投げてしまうでしょう。ですから、この体の使い方では、どれほど工夫しても投げようとしてきた相手を崩すことは難しいのです。

それに対して私が提案する方法は、相手がこちらを投げようとして一気に動き始めた瞬間に、「太刀奪り（たちどり）」という、切り込んできた相手の刀から体を躱（かわ）す動きで、相手の重心を崩すということなのです。そしてこの「太刀奪り」の体捌（さば）きというものが、普通一般で行われている動きとはまったく違う、床を蹴らない動きです。この動きを使って柔道の投げ技に対応すると、こちらの重心が宙に浮いて瞬間移動しますから、ちょうど先ほど述べたような大きな重いリュックを背負おうとした瞬間、誰かにそのリュックを横のほうにひょいと動かされたような状況が起き、体勢を崩してしまうのです。

ただ人間には、身に危険が迫ったときに「思わず逃げようとするときには床を蹴る」という動きが、幼い頃から身体に深く染み付いているため、なかなかその動きを克服することが難しいのです。ですが、瞬間的に移動するとき、この床や地面を蹴らない動きが身に付いてくると、相手がこちらを投げようとした瞬間に、この「太刀奪り」が可能となる床を蹴らない体捌きを行うことで、本当に力を使わず相手を崩すことができるのです。ですから、これこそまさに柔の術、「力ではなく術だ」と言うことができるのではないかと思います。

そして、この動きを応用すると、レスリングのタックルで相手が低めに一気に入って

太刀奪り　床を蹴らずに振り下ろされる刀から体全体を躱す。

くる場合でも、蹴らずに動けることによって、相手が私の膝あたりを手で引っかけてきても、私の六〇キロ近い体重が後ろに移動しているため、体勢が引き倒されて前に落ちるように崩れてしまうのです。「まえがき」でも述べましたが、この技は二〇一四年、ある高校のレスリング部員約二〇人を相手に何十回も試みましたが、一度もタックルにつかまりませんでした。

もし、これを読んで関心を持たれて、どういうことなのか知りたいと思われる方は、日本各地で私が行っております講習会に来ていただきたいと思います。

身体のチームワークを発揮させる技

武術で行う身体の使い方の特色は、普通のスポーツや学校体育などと異なり、その技が心理的な状況と密接につながっているものが少なくないということが言えます。

例えば、「辰巳返し」と私が名前をつけた技があります。この技は具体的な相手との攻防に使う技というよりも、武術的な身体の使い方、一種の基本的な身体操作法を学ぶ技と言えます。

これは、技を行う人が床に正座した形で両手を突き、ちょうど座った状態からお辞儀を始めるような形となって、この床に突いた片手を相手に両手で持ってもらい、さらに上からのしかかるようにして押さえてもらいます。なおこのとき、より負荷がかかるように、相手にはちょうど腕立て伏せをするような形で、こちらの片手の手首あたりの前腕を両手でしっかりと押さえた上で、膝も上げて両足のつま先を少し開いて床に立ててもらいます。普通に考えれば大変持ち上げにくい体勢です。まして相手の体重がはるかに自分より重い場合、この状態で相手を持ち上げるような形で崩すことは、ほとんど絶望的と思えるでしょう。

しかも、この状態では、相手がこの技を行う人間に花を持たせて、自分から受けをとることもできませんから、現実にできているかどうかが大変ハッキリとわかる技です。

ただ、この押さえ方は相手がとにかく前のめりになってこちらを押さえてきていますから、相手の力はあまり関係なく、ただ体重の軽重によってそのやりにくさが決まってきます。この状況の場合、大きな相手を上に持ち上げるようにして崩そうとすると、どうしても、つい押さえられている腕の部分が反応してしまうので、普通はビクとも動かず、「とても無理」という感じしかしません。しかし、ここでちょうど人を背負って立つような状況に持っていくと、この「相手を浮かせて崩し、立ち上がる」ということができるのです。

では、実際にはどのような方法で立たせるかというと、まず、相手がこちらの片手をしっかりと押さえているあたりに正座した膝を進めます。この膝の位置が大変重要で、この位置が前過ぎても後ろ過ぎてもこの技はできません。

次に、これからこの人を持ち上げるという意識を捨てます。そして、ただ、その人の下に入って、斜めに、まるで飛行機が飛行場から離陸するような形で、床から全身で前方へと移動するようにします。あるいは、背中を相手の腹部に直接当てた感じになって（実際はもちろん当たっておりませんが）徐々に立ち上がっていくようにします。

そしてこのとき重要なのが、相手に押さえられている片手を「気にしない」ということなのです。

現実に押さえられている手を気にしないということは、もちろん簡単なことではありません。しかし、押さえられていることを意識してしまうと、どうしてもこれを持ち上げたいという気持ちが湧いてくるのを止めようがありません。そして、そうした気持ちがあればつい、押さえられている腕が反応してしまいます。しかし、自分よりもはるかに大きい相手にがっちりと上からのしかかられている状況では、相当に腕力に自信のある人でも、腕力でこれを持ち上げて倒すか、相手を立たせることは困難でしょう。もっとも、手を体に沿わせてそのまま立ち上がれば、ある程度は、相手を浮かすことはできますが、自分の肩よりも手が上に上がっていかなければ、相手を本格的には崩せませんから、こうした相手をぶら下げるような動きでは相手を崩すことは不可能です。

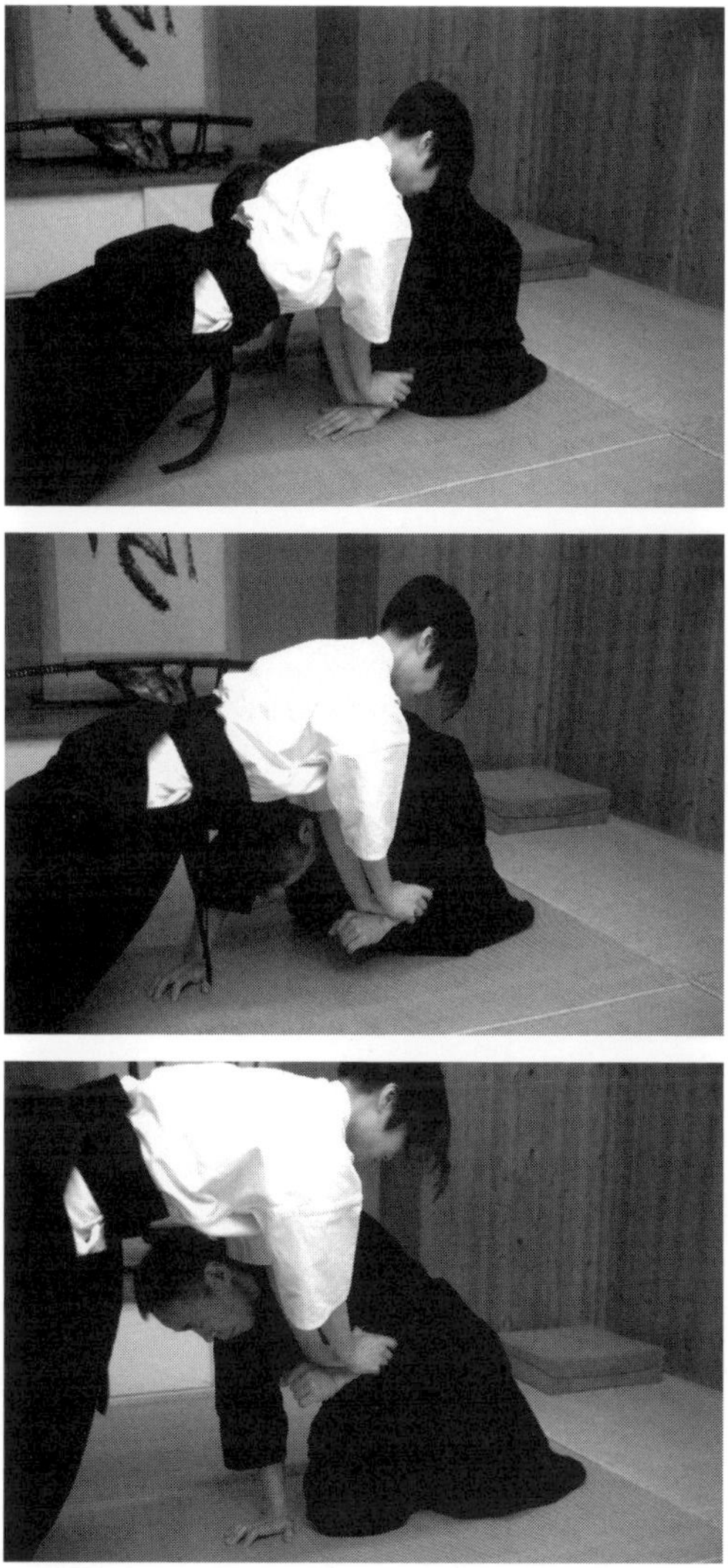

辰巳返し

では、さらに詳しく解説しましょう。

先ほど、押さえられている手のあたりに、こちらの膝をもってくると言いましたが、その体勢からだと相手にしっかりと手を押さえられていても、そのことを一番気にせず、飛行機が離陸するように、どんどん前方斜め上へと進んでいけるのです。そして、慣れてくれば、自分の背中を空気を通して相手の胸部や腹部に当てて、上へとジャッキを上げるようにして上げていけます。そうすると不思議なことに、自分の手は相手に掴ませたまま、体とともに上がってきます。私の経験では自分の体重の倍ぐらいの人に押さえられても上がります。

例えば、ラグビーやアメリカンフットボールには、スクラムという、「互いに頭を肩より下にして肩口を押し当て合って、盛んに押し合う」という場面がありますが、「辰巳返し」を上手に使うと、百数十キロというラグビーやアメフトの選手と押し合って、押し負けしなくなり、相手の上体を起こすこともできるようになってきます。

もちろん、腕に力を入れているわけではありません。とにかく相手に腕を押さえられていることを気にしないと、体幹部と腕が自然に連携し、普通ではとても考えられないようなチームワークのよさを発揮して上がっていけるのです。このチームワークのよさは、あれこれ余計なことを考えないからこそ生まれてくるようです。

この「辰巳返し」は、うまく誘導すればそれほど時間をかけずに比較的多くの人がある程度はできるようになる技で、こうしたところから普通の学校体育などとは違った、武術的身体運用法を覚えていただくと、興味も湧き、またこのような技の成立の原理が他のさまざまなジャンルでの仕事にも役に立つようになると思います。

微細な注意を払うと同時に「気にしない」

日本の武道の中でも剣道などは、昔からしばしば「剣禅一致」などと言われ、武道の精神と禅の精神は同じことの二つの側面のように言われることがあります。ただ、この「剣禅一致」という言葉に引っ掛けて、稚拙な技や見解を、さもわかったような顔をして解説している人が少なからず見受けられることも事実です。実際、私も武道関係の本の中で、別にたいしたことでもないことを無理やり禅に結びつけて説かれている場面を見かけ、なんだか読んでいるほうが恥ずかしくなってきた経験があります。ですから、「剣禅一致」などという言葉に対しては、ちょっと引いてしまうところもあるのです。それは恐らく、私の中に禅に対して強い思い入れと憧れがあり、その私が抱いている禅のイメージを損なうような解説は見たくないという気持ちがあるからではないかと思います。

ただ、ここ数年、武術に関してさまざまな技を展開し、その技を行っているときの自分の精神状態などをあらためて観察してみていると、この武術の技を言葉で解説しようとすると、禅的な表現がじつに、その技の原理をうまく表現していると思うことが少なくありません。

どういうことかというと、例えば禅では「やってはいけないし、やらなくてもいけない」というどちらも否定するような表現がしばしば出てきます。これはよく蒟蒻問答などとからかわれますが、武術の技も、それを技として成立させるには、まさに「やろうとしたら、気配が出てしまうのでいけないし、だからといってやらないということでは、何も始まらない」という問いと向き合う必要があるのです。その「気にしない」「そのことを意識しない」ということで、結果として迷う心をなくし、技の成立に微細な注意を払うことができるために、言葉の上では矛盾するような表現を使わざるをえない場面にたびたび遭遇するからです。

例えば先ほど解説した「辰巳返し」でも、すでに解説したように相手に腕をしっかりと押さえられていることを「気にしない」ということが大切なのです。もちろん「気にしない」ためには、気にしなくてすむような手の置き方、膝の位置などがあります。ただ、いくら形だけ真似てみても、相手に押さえられていることが気になっている状態のまま手を上げようとしてはまったく動きません。ですから、「気にしない」という精神状態はやはり重要な要素なのです。

そして、この「気にしない」ということですが、ただ単に気にせずに上げようとすれば、簡単に持ち上がると信じたバッグが予想外にひどく重たかったり、何か別のものに結びつけてあったときと同じように、ガクンと体勢を崩すことになるでしょう。ですから、気にしないと言っても、それはある面、十分にその状況を心得、潜在的には自分が置かれている立場を把握した上でのことですから、ただ単に「気にしない」という動きとは根本的に異なります。

とにかく、武術の技として「あることができるようになった」という状態は、「気にしない」ということが、つまりは深いところで非常に精妙に体を働かせることを助けて、そのことへの対応を、より有効に行っているということでもあります。ですから「気にしない」といっても、単純に「気にしない」ということから、高度な技を行う前提条件としての「気にしない」まで、まったく中身が違います。そういうところが、この技を単純に計量化できないところだと思います。

そのため、そうした、より高度な技を行うときは、禅の説くところの「やってはいけないし、やらなくてもいけない」といった、一見ダブルバインド（二重拘束）的注文がつくことになるのです。ですから、このことをどこまで理解して行えるかが「〝術〟と呼べるほどの世界」が拓けるかどうかの分かれ道とも言えるように思うのです。

楽器の演奏家の身体の使い方に潜む無理

武術を稽古していると、身体の使い方に関して、一般的な体育と違った視点が開けてくるものです。そしてそれによって思いがけない分野にも、この武術を通して知った身体の使い方が生きてきます。

例えば、私がもう約十年、回数にして六〇回以上行っている講習会に、楽器演奏などの音楽家を対象としたものがあります。

これはフルート奏者の白川真理女史が私の武術に関心を持たれたことがきっかけで、そこから広がってきたものです。今までこの講座に来られた方々は、フルートや横笛、トランペットなどの金管、木管楽器から、バイオリン、ビオラ、チェロ、コントラバス、ギターなどの弦楽器、さらにピアノなどの鍵盤(けんばん)楽器といった、よく知られている楽器はもとより、私が今まで見たこともなかったような民族楽器から歌手、指揮者に至るまで、じつに多種多様な音楽関係の方々で、私としてもさまざまな刺激を受けました。

そして、そうした演奏家の相談を受けてあらためて実感したことは、楽器を演奏する方々はたしかに楽器の演奏に関しては専門家であり、よく研究されているかもしれませんが、身体の使い方という点では、武術的立場から見ればかなり無理な使い方を、平気でされているために、身体にさまざまなトラブルを抱えながら、その問題に気付いている方はほとんど見当たらないということです。

例えばフルートの場合、これを吹くためには誰もが手に持っているフルートを口のところまでもってこなければならないわけですが、その際フルートを持っている手をそのまま口に近づけてしまうと、どんなに柔らかく静かに持っているようであっても、どうしても親指に負荷がかかり、この親指の負荷が上腕の付け根にある三角筋を緊張させてしまいます。

このことを指摘しても、普通のフルート奏者なら「そう言われても、それ以外やりようがないのだから、ある程度三角筋に緊張があっても仕方がないでしょう」と答えるかもしれません。しかし、武術を稽古し、肩周辺の詰まりにひときわ敏感になってくると、この肩の詰まりというのはどうしても避けたい状態なのです。なぜならば、そのことでフルートの音自体が出にくくなってしまったり、吹奏を行う滑らかさにブレーキがかかってしまうからです。

そこで私は、親指の背にフルートをのせて口のあたりまで持ってくる方法を考え出しました。その後この方法は、親指に負担をかけないという原則さえ満たせば、それ以外にも何通りかやり方があることがわかってきました。

その他、この十年間で私が演奏家の方々から相談を受け、その場で提案をして驚かれ、感謝されたりしたことをいくつか挙げてみたいと思います。

ギターを弾く場合、ピックという小さな薄片を使うことがあります。普通は人差し指の側面と親指の腹の指先あたりでこれを挟んで弾くようですが、私はこの親指と人差し指の側面でピックを挟むという一般的な方法だと、どうしても上腕の付け根にあまり気持ちのよくない滞りが感じられるので、ピックは人差し指と中指の間に挟み、人差し指の側面に親指を当ててこれを保持したほうが、肩への力みがなくなって良いように感じました。そこでこれを提案したところ、やはりギタリストから驚かれました。

その他にも、ドラムなどのスティックの持ち方で、人差し指、中指、薬指、小指を、人にもよりますが、互い違いに何通りかの組み合わせで保持するほうが腕がスムーズに動くように思えます。

また、鍵盤楽器のピアノは、鍵盤に指をのせるとき、掌(てのひら)を上向きにして腿のあたりに置いた状態から持ち上げ、鍵盤より少し高い位置に持ち上げてから掌を返して指先を鍵盤に触れるようにしたほうが、肩の力が自然と抜けて具合がいいようですし、椅子(いす)の座面を弾力のある丸太状のものにするだけで、音が大きく変わります。

その他、さまざまな楽器の演奏時の立ち方、足の出し方、肩の沈め方、膝の曲げ方等々、その場その場で実際に楽器を演奏してもらった人たちの様子を観察してアドバイスをしてきました。もう今までどれだけ多くの人にそうやって接してきたか、数えきれないくらいです。

このように音楽関係の人たちを指導してきて私がつくづく思うことは、だいたい中学生くらいの頃、運動部か文化部かといったクラブ活動のカテゴリー分けを行うことが、そもそも問題なのではないかということです。よく考えてみれば誰でも納得がいくことだと思うのですが、音楽や書道などを文化部といっても、その文化活動をするために楽器を演奏したり、筆を持ったりするには、どうしても身体が必要なわけです。ですから、身体の使い方という点では体育であり、しかも、ただ走ったりするよりは、ある面よほど微妙に身体を使わなければなりませんから、そうした楽器演奏のような身体の運用法も体育であると認識し、その感覚を養わなければならないのではないかということを強く感じます。

現在の文部科学省は、体育というものを非常に軽く見ていて、「まあ身体が丈夫になるのに役に立てばいいだろう」といった程度の認識しか持っていないように思われます。けれども、人間が人間としての活動を行う上では、何を行うにしても身体というものを抜きには考えられません。ですから体育ということをもっと広く深く考え直してもらいたいものだと思います。

しかし、文部科学省にそのことを希望しても、それがすぐに叶うとはとても思えませんので、志のある民間の方々に立ち上がっていただきたいと思い、今こうして本を書いているのです。とにかく、現代の社会全体が、現在一般化している体育ということの認識をあらためて、体育とは日常生活をはじめとするさまざまな分野で、心身をいかに効率よく働かせるかを学ぶ学問であるというふうに理解されることを、願ってやみません。

スポーツの常識を覆す動き

武術が楽器演奏に役立つというと驚かれた方があるかもしれません。それに比べると武術がスポーツに役立つというほうが理解しやすいかと思います。現に、私の名前がかつて世間の人たちに知られるようになった一番のキッカケは、当時読売ジャイアンツのピッチャーであった桑田真澄氏が、引退をささやかれていた時期に私の武術と出会い、私のところでそれまでのスポーツ常識とは異なった身体の使い方に取り組み、二〇〇二年にセ・リーグの最小防御率の賞を受賞したということがあったからです。

この年の九月四日、桑田投手は久しぶりに完投して勝利投手になったのですが、そのときのウイニングボールを桑田氏から贈られました。そのボールには、大阪ドームのスワローズ戦を三対一で勝ち、シーズンでは九勝目、通算一六一勝を挙げたことと、桑田氏のサイン、そして「甲野先生へ」と、私の名前が書き込んでありました。

桑田氏はシゴキのような指導方法にもまったく反対で、そういう点でも私と話が合いました。今も時々連絡がありますので、また機会があれば何か一緒にしたいと思っております。

その他にも、ロンドン五輪の女子団体の卓球で準優勝となった平野早矢香選手は、平野選手がまだほとんど無名の頃、私の講習会に、当時平野選手を指導していたコーチの方に連れられてきました。そして私の武術の特色である「蹴らない動き」を学んでいき、その後の全日本選手権で優勝し、一躍その名が知れ渡ったということがありました。また、女子バスケットボールの小磯典子選手（私のところに来られた二〇〇五年当時は旧姓で濱口典子選手）も一度引退してから、私の武術的な身体の使い方を学んだことで、再び選手に復帰し、公式戦で最多得点者になり、長く選手を続けられました。

ただ、こうした選手の事例がハッキリとあるのですが、その選手と同じような体験をほかの選手にもしてもらえるわけではありません。それは、やはり指導者やトレーナーといった人たちが、今までの常識とあまりに違う私の動きや、稽古法に対しては、どうしても拒否反応が強かったからです。

ですが、最近私がよく実演を行う、サッカーなどに有効な背中合わせの状態から相手を抜く動きなどでは、私の公開講座に来る受講者の人たちに実地で体験してもらえますから、近ごろ、しばしば参加されるスポーツの選手や指導者といった人たちの中には、この武術的な動きをスポーツに展開した場合の有効性を肌で実感したことで、積極的な関心を持ってもらえる事例も少しですが起きてきました。

この動きは、お互い背中合わせになった状態から相手を抜き去っていく動きで、最初、少年サッカーを指導している人から、「こうした状態のとき、相手をうまく抜き去る方法はありませんか」と質問されたことがきっかけで思いついたものです。そして、この武術的な身体の使い方は、私が「屏風（びょうぶ）座り」と名付けた身体運用法を用いています。これは足を肩幅より少し広げて立ち、踵（かかと）を床に密着させたまま、しゃがみ込んでいくのですが、その際、普通はどうしても前傾しがちになってしまうものなのですが、そこをなんとか前傾しないように腰から背中を沈めていくのです。なおこのとき、骨盤は少し後傾するくらいにして、背中を多少丸めるぐらいにしながら沈んでいくといいようです。

この「屏風座り」で少し腰を落とした体勢で相手と背中合わせになった状態から、いきなり反転して相手の側面を抜くように動くと、相手はこれを止めることが大変難しいようなのです。現に私はこれを試み始めてからまだ誰にも止められていません。もちろん普通の人たちだけではなく、サッカー選手やラグビー選手、中には動きが速いことで大変有名なアメフト選手などとも試しましたが、ただの一度も止められたことはありません。

なぜ止められないのかと言うと、この少し腰を落とした状態からいきなり反転し側面に動くときに、この「屏風座り」の体勢をとっていると、床を蹴らないですむからです。なぜ、蹴らないですむのか、その理由を具体的に言うと、普通に少し腰を落とした体勢から、例えば右側に瞬間的に動こうとした場合、常識的には左足で床なり地面なりを蹴って右に移動し、しかる後にその左足を回収することになります。しかしこれが「屏風座り」で沈み込んだ状態からですと、そのように左足で床を蹴ることなく、動き始めるのと同時に左足を回収することができるのです。そのため、普通の動きより身体を移動させるのにかかる「床を蹴ろうとする」と「床を蹴る」という手続きをしなくてすむので、より早く相手の体の横をすり抜けることができ、相手はこれを止めることが非常に難しいわけです。これがこの「屏風座り」の大きな特色の一つで、私が未だ誰にも止められたことがない理由です。ですから私は、よく講習会などで「もし私を止めた人がいれば、講習会費は全額お返しします」と言っておりますが、今まで約三年間一度も返金

屏風座り

したことはありません。

この「屏風座り」という身体の使い方には、このような働きがあるだけでなく、興味深いことに、前から押されても相手を摑んでいれば強力に対抗ができるという効果もあります。この効果に気付いてからわかったことの一つが、昔、相撲界で名力士と謳われた初代若乃花に関することです。若乃花は若い頃に港で働いており、埠頭から船に渡された、幅が狭く揺れる「渡し板」の上を、石炭を担いで運ぶ仕事をしていたことが知られています。そのためでしょう、大変粘り強い腰を養成したという評判でした。ですから、相手に土俵際に押し込まれても俵に足をかけ反り身になって相手をうっちゃることができるとされていました。

この粘り強い腰は「二枚腰」などと呼ばれていましたが、私はこの「屏風座り」ができるようになってから、この若乃花の一見不利そうに見える、土俵際で両足をそろえて反り身になって耐えるという体勢は、じつはまさに「屏風座り」を行っているようなものだと気付いたのです。相撲の常識から見れば不利なように見えますが、相手の体のどこかに手がかかっていれば、いわゆる腰を入れた形で頑張っているときよりも、相手が押してくる力を逆にそのまま利用して強力に相手を引きつけられるため、かえって有利な姿勢なのです。現に、私よりも体重が八〇キロくらい重い十両力士と、この土俵際のうっちゃりができるかどうか試したところ、うっちゃることができて、その十両力士に驚かれました。

この「屏風座り」によって、さまざまな武道的、格闘技的な技が劇的に効果をあげるようになりました。なぜ、「屏風座り」のような体勢をとると常識外の強さが生まれるのか、いまひとつわかりませんが、感覚的にはテンセグリティ（アメリカの天才的物理学者、数学者、建築家、デザイナー、思想家、詩人として知られるバックミンスター・フラーが提唱したバー［棒］とストリング［ワイヤー］を組み合わせた多角形の構造物で、全体がきわめて緊密に相互作用を持っており、非常に安定的かつ全体のバランスがとれていることを特徴とする）のような働きになっているのではないかと思います。

秘伝は実際に存在する
〜「虎拉ぎ」の威力

ここでもう一つ、この本を読んだだけでもすぐできるようになる、一般の体育等ではまったく教えられていない、面白い身体の使い方を紹介しておきます。

私がお伝えするさまざまな技の中でも最も簡単で、体験した人の誰もがその効果に驚くのが、手を「撃鉄（げきてつ）を起こす手」と私が名付けた形にして、座り込んでいる相手を立たせる技です。足を捻挫（ねんざ）したり、また何らかの事情で地面や床に座り込んでいる人をなんとか立たせようとするとき、後ろから抱えたり、ただ手を貸して引っ張り上げようとしてもなかなか簡単ではありません。とくに、普段そういうことをやり慣れていない女性などは、人に手を貸そうとして、かえって自分がバランスを崩して倒れ込んでしまうこともあるでしょう。そうした折、ぜひ試みていただきたいのが、これから紹介する「撃鉄を起こす手」です。

これは手を軽く広げ、親指をちょうどシングルアクションの拳銃（こう言ってもピンとこない人が多いかもしれませんが、最近は少なくなったアメリカの西部劇に出てくる拳銃で、撃つために撃鉄と呼ばれる部分を親指などで引き起こして撃つもの）の撃鉄を起こす際に使われる親指の形にするというものです。そうすると、相手を引き起こすときにきわめて具合がいいので、私がこの手の形を「撃鉄を起こす手」と名付けたのです。

写真を載せましたので、これを参考にしていただければわかると思いますが、掌をやや反らし、親指の付け根近くと先端の二カ所の関節をぎゅっと内側に強く折り曲げた形をとります。こうすると、腕（前腕と呼ばれる肘から先と、上腕と呼ばれる肘から肩までの部位）が、まるで物を引っ掛けるフックのような形で安定的に固定化されるのです。

ですから、この手の形を作って、その一番力が入っている親指の付け根の背のあたりに相手にすがってもらいます。すると、普通に手を出したときとはまるで違うシッカリとした安定感が生まれて、地面や床に座り込んでいる人に引っ張られても、共倒れにならず立たせることができるのです。なぜこのような手の形をすると突然腕が体幹と結びつき、相手を引き起こすことができるのかについては、身体の構造が複雑なために、よくはわかりません。

ただ私は、人間がもともと四本足で地面を歩いていた動物から進化した証（あかし）ではないかと思っています。つまり、かつて人間がサルのような樹上生活に適した行動形態に合った身体構造を獲得する以前、ネズミのような、あるいは狐のような形で地面を歩いていたとき、何かその足にツタなどが絡まった場合、全力で引きちぎろうとしたと思います。そうしたときに当時の前足、現在の人間で言えば手の、その甲の部分に引っかかったものを引きちぎろうとするのに適したような身体構造が、形成されていたのではないかと思うのです。

この「撃鉄を起こす手」をさらに強化し、すがってきた相手を片手だけでも立たせるには、「旋段（せんだん）の手」と私が名付けた、四指を折り畳み、人差し指は掌側に握り込み、小指は反対に手の甲側へと反らせた形にする方法があります。

また、こうした人を起こす場合とは違った用途に用いる、手指の形もあります。例えば、その代表的な誰もが驚くものが「虎拉ぎ（とらひしぎ）」です。これは、手の形で脚部が驚くほど強化されるというもので、親指を掌の内側に丸く向け、その方向に肘から先の前腕を強く内旋させるようにして捻ると同時に、肘を引きつけ、それによって緊張した人差し指を意識して、親指と人差し指がほぼ直角に緊張を保ったまま交差するような形にします。

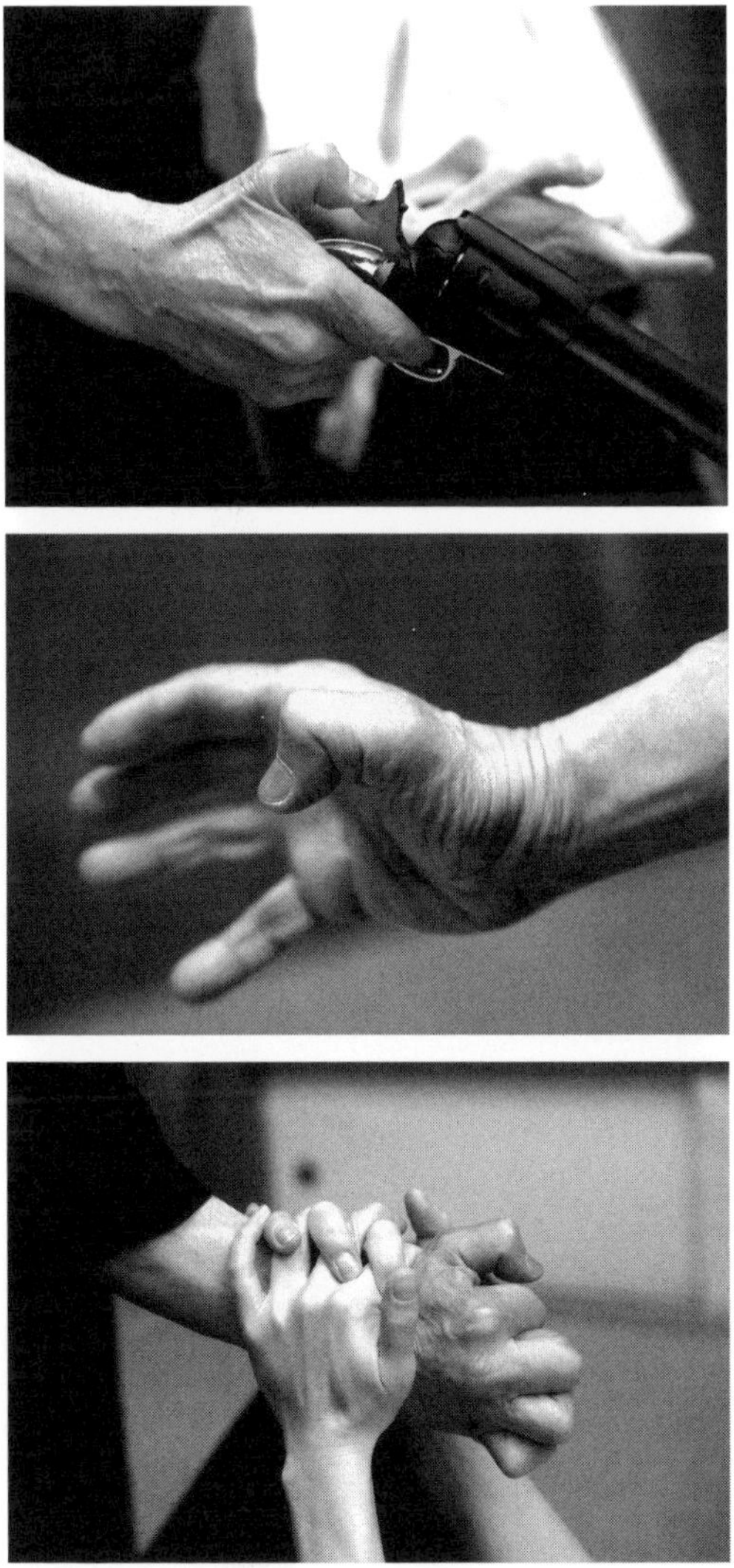

上段と中段：撃鉄を起こす手、下段：旋段の手

それにより、腕が内旋する方向と外旋する方向に強く拮抗するような状態ができるのです。こうすると手首を掴まれても強力にもぎ取るような力が生まれるのですが、それ以上に驚異的なのは、操作しているのは手であるにもかかわらず、これによって脚部全体が非常に強化されるということです。

その効果を具体的に言えば、この体勢をとると、寝技などまったく学んだことのない私が、寝技を専門に稽古してきたブラジリアン柔術のスペシャリストと組んでも、寝技に持ち込まれないということが起こります。このことも、その世界を専門に研究している人にとってはにわかには信じがたいことだとは思いますが、現に今まで何人ものそうした寝技の専門家と組み合って驚かれていますから、けっしていい加減な話ではありません。

このように「虎拉ぎ」が寝技に有効だといっても、「私には関係ない」という方が少なくないでしょうが、「この『虎拉ぎ』によって脚部が強化されるようになると、普通ではとても簡単には上がれない段差を楽々と上がることができたり、一〇〇段くらいもある階段を、その階段の段差の高さによって、一段飛ばしか二段飛ばしで一気に上がることができるようになる」という話には、多くの方が関心を持たれると思います。現に

虎拉ぎ　脚部が強化され、遠くにある段差を上がれる。

以前四国で講習会を行ったとき、この動きを一度で身に付けた、普段とくに運動していない若い女性がいましたが、講習会の後、せっかく四国まで来たのだからと、讃岐の金比羅山に登ったそうなのですが、そこの七〇〇段もある階段を、ガイドブックに載っている半分の時間で楽々と上り、翌日足も痛くならなかったと報告のメールが来ました。

この「虎拉ぎ」も、本や私のDVDの解説などを見ただけでできるようになった方がありますから、試してみられるといいと思います。ただ、本やDVDではどうしても微妙なところはわかりにくいので、より関心を持たれた方は、私の講習会にお越しください。

今まで数えきれないほどの人にこの方法を教えましたが、どうしてもできなかったという人は一人か二人しかいませんでしたから、ほとんどの方はできるようになると思います。それもだいたい数分以内でできるようになりますから、昔から「秘伝」と言われている、「これを教わればまったくそれまでとは違う効果が出る」というものが現実にあることを誰もが納得されると思います。

現代の柔道や総合格闘技などの、いわゆるリアルファイトの世界では、「秘伝などというものは漫画の中だけの話で、実際は地道に練習する以外にはないのだ」といったことがよく言われていますが、現実に〝秘伝〟とも言えるものが存在することは、この「虎拉ぎ」によっても証明されると思います。稽古をやり込むことはもちろん大切でしょうが、見当外れな稽古で身体を壊すことも多いのですから、あらためて稽古の質と身体の有用な使い方について考えていただきたいと思います。

森羅万象
いろいろなものから学ぶ

　私が武術の技をどのような発想で、どういうふうに生み出しているのかと質問されることがありますので、そのことについて本章の最後に書いておきたいと思います。

　私は、自然界の鳥の飛び方、魚の泳ぎ方、虫の形態などに昔から興味がありましたが、武術の研究を専門に仕事として行うようになってからも、それら自然界の動植物から学ぶことを技の進展のヒントにしている面が少なからずあります。

　例えば鳥の飛び方でいえば、鳥というのは羽ばたき飛行ができるのはオオハクチョウ程度の大きさまでで、それより大きな鳥になると羽ばたく際の空気抵抗が非常に大きくなるため、グライダー飛行のような、ほとんど羽ばたかない飛行になります。アホウドリなどは、そのグライダーのように飛ぶ鳥の典型例です。このアホウドリの飛行で、私が非常に関心を持った点は、アホウドリはヨットと同じく風さえあれば、風に対して真逆、即ち風上の方向にも、羽ばたくことなく進むことができるということです。

どういう仕組みでそれを行っているかというと、アホウドリは逆風、つまり自分が行きたいと思う方向から風が吹いていた場合、まずその行きたいと思う方向から吹いてくる風に乗ってぐんぐん上昇して高度を上げていきます。つまり、少し吹き飛ばされる形で空に高く昇っていくのです。そして今度は、飛行機が滑走路に降下するような形で緩やかに降下する線を描いて徐々に高度を下げていきます。その様子を横から見ると、ちょうど刃を形づくる前の斜面が長い鋸（のこぎり）の歯のような形になるかと思います。つまり、少し風下方向に吹き飛ばされるような状態で高度を上げていき、次に風上に向かって飛行機が滑走路に進入するような形で高度を下げていく形で進み、また風に吹き飛ばされる形で少し戻りながら高度を上げ、先ほどと同じような形で、高度を下げながら風上へ向かっていくというように、上がっては下がり、上がっては下がりを繰り返すことによって、ほとんど翼を動かすことなく、まったくの風上方向にも進むことができるのです。

たしかにこのような方法をとれば、無理なく風上に向かって進むことができます。これはおそらく、飛んでいるうちに自然発生的に思いついたことだと思いますが、それがアホウドリの中で、伝統文化のように、身に付き、継承されていったのだと思われます。

この伝統文化的な動きに関しては、アホウドリよりももっとハッキリとした、まさに伝統文化と呼べるものが他の動物の動きの中に見られます。

その最も典型的な例であり、私がその事実を通して深く考えさせられたのは、アザラシなどの水と縁の深い哺乳類の泳ぎの例です。どういうことかというと、動物園などで群れから離され、浅いプールで飼育係に育てられたアザラシの仔は、大きくなってからいきなり深いプールに入れられたとき、泳げずに溺れるのだそうです。

この話を初めて聞いたとき、「へぇ、そんなものか」と思っただけでしたが、あるとき、この話を他の人にしていて、突然大きな気付きがありました。それは、「そうか！アザラシにとって泳ぐというのは伝統文化なんだ！」ということです。アザラシ（これは他のこうした哺乳類、例えばアシカやオットセイなどもそうでしょうが）というのは完全に水中生活に適するような身体をしていますが、その身体の構造をより十分に機能させるためには、より複雑で多様な泳ぐ技術を習得していかなければならないのです。そして、そのようなさまざまな泳ぐ技術は、犬や猫のように普段は陸で活動し、水に入ったときにはとりあえず泳げるというような簡単な技術だけでは役に立たないということです。

つまり、犬や猫の泳ぎはいわば非常用の救命ボートのようなもので、本能の中に組み込んでおける、単純な泳ぎだけですみますが、アザラシやオットセイのような水中生活が主となるような生き物にとっては、人間がさまざまな生活技術、例えば縄の作り方や結び方、また刃物の使い方のようなものを後天的に身に付けるのと同じく、学習によって複雑で多様な泳ぎ方を身に付けなければ、巧みに餌の魚を捕ることもできませんし、危険なときに逃げることも不自由です。ですから、もし本能としてあらかじめ泳ぎの技術がすでに組み込まれていると、それ以外のさまざまな動きを学習する上でかえって障害になってしまうのだ！　ということです。

このことに気付いたとき、「そうだったのか！」と私は思わず、膝を打ったのでした。つまり人間というのは、アザラシに泳ぎ方が本能的には組み込まれていないのと同じような立場なのだということです。人間はアザラシの泳ぎの技術どころではなく、さらにもっと複雑な形で、生活技術全般における多様な技術を求められますから、本能に組み込まれるような単純な技術はほとんど持って生まれてはいないのだということです。

この気付きにより、私はあらためて物の見方が一つ進んだような気がしました。以前何かで読んだのですが、人間は、爬虫類（はちゅう）のようなまだ何かの用途専門に進化する以前の手（前足）と非常に進化した頭とを兼ね備えている生物であると言われているそうです。つまり、手が原始的であるということは、虎のように獲物を捕らえる機能専用に武器的に進化しているわけでもなければ、馬のように大地を走ることに特化して進化しているわけでもない、じつに中途半端な進化初期の状態のままということです。ですがそれは同時に、うまく使えばさまざまなことに応用が利くということでもあるのです。

このことに気が付いたとき、人間の身体の使い方の多様性と、心身の鍛え方、訓練の仕方で本当にさまざまな驚くべき働きを生み出す可能性が隠されていることをあらためて自覚させられました。

人間というのは、他の動物とは異なり、訓練（環境）によって自らの一生のうちでも思いがけないほどの変化進展を遂げる生物だということを実感すると、稽古（練習）も、これを自覚する以前とは何かが明らかに違ってくる気がします。

このことを自覚せず、ただ猛稽古や、いわゆる頭を使った科学的トレーニングを行っても、その効果はあまりあがるとは思えませんし、人が人として行う稽古とは何かを常に追い求めていれば、そこで見えてくる世界の広がりも違うように思えます。

稽古やトレーニングは、それを行うことで、その人の視野が広がり「人間として生きることとは何か」という問いかけと自然と向き合うものであることが望まれると思うのです。そのことに気が付かれる方が一人でも多く出られることを心から願っております。

第三章

武術とは変わり続けるもの

居合に現れている現代武道の根本的問題点

私が武術を志し、実際に合気道から始めてさまざまな武術の世界に触れるようになって、本当に不思議なことだと思うのは、現代に広く普及している武道において、昔の人に比べればレベルが落ちるのはやむをえないにしても、かつての信じがたいほどの鮮やかな技を、及ばずながらも求めようとする人がきわめて少ないどころか、ほとんど皆無（かいむ）に近い状態だということです。

例えば、一番それを感じるのは居合です。居合はかつて、居合の練達した術者に関しては剣術の達者な者も迂闊（うかつ）には仕掛けられないと言われました。そうしたことが時代小説などでも書かれておりますし、昔から伝わっている剣術のエピソードには、そうした話がしばしばあります。ただ、中にはそのような居合の達人に対して剣術者側が迂闊に仕掛けられないというのは大げさな作り話であるなどと書かれた武術の伝書も見受けられます。しかし、なぜわざわざそのようなことを書いているのかといえば、その当時でもそうした居合の達人に対する畏れが広く認識されていたからだと思うのです。

しかもその伝書は剣術の上手な者に対して居合は勝ち目がないということですから、並みの剣術家に対してなら居合練達の人間が勝るのは当然という見方があったようです。しかし、現在「居合道」と呼ばれる居合のレベルはと言えば、並みの剣客どころか、ほとんど素人に近いような者が刀を抜いて、まだ刀を抜いていない居合の術者に用心深く迫っていったとしたら、これに間に合う居合道家が絶対にいないとは言えないかもしれませんが、きわめて僅かであることはたしかです。

常識的に考えてみれば、すでに刀を抜いて迫ってきている相手に対して、まだ刀を抜いていない居合の術者が対応するということは、非常に難しいことです。しかし、居合の発生を見てみれば、その難しさを十分承知の上で工夫を始めた林崎甚助という者が工夫に工夫を重ねた上、この難しい課題の成就を願って林崎明神に参籠し、ようやくこれが可能になったとあるのですから、そのほとんど不可能と思われてきたことを可能にした術と言えます。もちろん現在の術者にこのレベルを求めるのは酷かもしれませんが、居合というものの、そもそもの誕生の経緯が、そういう難しい状況でありながら、これをなんとか克服したという術の世界なのですから、居合に志す者は、その困難を課題とすべきだと私は思うのです。

現代武道のレベルが落ちてしまった大きな原因の一つは、そうした本来、その分野の基盤にあった困難な課題を、見て見ぬ振りをしてしまったところにあるのではないかと思います。ですから私は、そこを見ないようにして、年数が経るとともに高段者となっていくことを、おかしいと思わない人の気持ちが、まったく理解できないのです。

このことは以前にもあちこちで言い、また本にも書いたことですが、今、居合を稽古している人で、それも指導的立場で稽古している人であれば、その居合のレベルが落ちている現状をなぜもっとなんとかしたいと思わないのかと不思議でなりません。もしも、私が居合道の指導的立場にいたとしたら、「現在の居合は昔に比べればあまりにもレベルが落ちてしまっているので、この時代の最高段位は、出せてもせいぜい二段ぐらいでしょう」と言い、「三段以上は現在の日本には存在しない」というふうにきっと言うと思うのです。ですが、現在の居合道は、高段者がお手盛りで範士八段などと平気で自分たちの段位を認定してしまっているのですから、これではレベルの上がりようがない気がします。本当に居合を大切に思い、その技のレベルが上がることを願っているのなら、現状に甘んじている居合道家に高段位を出すということはやめるべきだと思います。

とにかく、現代武道界の重鎮と言われている人たちのそうした態度を見ていると、そうした、その世界の指導的立場にある人は、かつてのその道の先人たちの凄まじい技の世界を、本当には信じていなかったのではないかと思えてくるのです。

日本刀は本来竹刀より迅速に変化させられる

居合のレベルに関連して、ちょっと日本刀のことについて述べたいと思います。私はこの武の世界に関心を持ち、今から四十年以上前に合気道を始めた頃から、日本刀という道具は、持つ人が持てば木刀や竹刀（しない）と同等、あるいはそれ以上の迅速さで使うことができるのではないかと思っていました。現に、昔の剣の名人達人のエピソードを書いた本の中には、とても信じられないような迅速さで刀を使った話が、それこそ数えきれないほど紹介されています。

しかし現実に武道に関わってみると、今、日本刀を手にする人たちは、「日本刀は竹刀とは違いはるかに重いのだから、とても竹刀のようには使えない」と異口同音（いくどうおん）に言っていることを知りました。そうだとすると、昔の剣の名人達人のエピソードはみな、ホラ話ということになってしまいます。しかし、それは私には絶対に納得がいかないことでした。どう考えてもこれだけ夥しい数残されている武術の伝書等に記されているエピソードが、みな大げさな作り話だとは思えなかったからです。

私が最初に学んだ合気道では、私が学び始めた二年前まで、合気道の開祖植芝盛平翁が存命されていました。そして、この植芝翁の神業ともいえる、現代武道の常識ではありえないような技を見た人たちが少なからずいて、そういう人たちから植芝翁の凄まじい技について聞く機会がありました。ですから、日本刀の技について昔の伝書に書かれているような名人達人が存在したことも、確信していたのです。

そして、いつかは私自身が、「日本刀は、竹刀と同じか、それ以上の速さで変化させることができる道具なのだ」ということを、ある程度にせよ実証してみせたいと、密かに思っておりました。しかし、現実に刀を手にし、動かしてみれば、その困難さはどうしようもなく、年月が過ぎるとともに、「昔の人が刀を電光のように動かしたという話は、けっして嘘ではなかっただろうけれども、私自身がそれを再現してみせることは不可能かもしれない」などと思い始めていたような気がします。

それが、近代の中国武術の名人と謳われた王薌斎老師の一番の高弟として知られていた韓星橋老師の四男で、父である星橋老師からその道流を継がれ、「韓氏意拳」を創られた韓競辰老師との出会いで突破口が開いたのです。

二〇〇八年の五月の終わりに、韓氏意拳の日本代表である光岡英稔師範のご好意もあって、岡山で韓競辰老師と親しくお話しする機会があった折、中国と日本との刀の持ち方の違いなどに話が及びました。そのときに韓老師が「中国でも威力をもって刀を使うにはやはり両手で持ったほうがいいのです」といったような話をされ、現実にそこにあった私の竹刀で動いて見せてくださいました。そしてその折、柄を持つ左手と右手を寄せ、両手をくっつけた状態で使って見せられたのです。そのとき私は、ずっと以前から、私が最も関心を持っている日本の剣客、松林左馬助が開いた夢想願立の伝書のコピーの中にあった、左右の手を寄せて刀を持つ天狗の絵が思い浮かびました。そして突然、雷にでも撃たれたような感覚とともに、「刀は両手を寄せて持つものだ」というひらめきが降ってきたのです。

そう気付いて、十五分か三十分くらいでしょうか。韓老師とお会いしている間に両手を寄せて刀を持った状態で動いてみたところ、「これだ！」という感じがあり、それを見ておられた韓老師もフンハオ（很好、日本語で「そうだ」「けっこう」の意）というような声とともに笑顔で私に応えてくださったのです。

この十五分か三十分ほどの間に何が起きたかというと、背中の奥のほうでむくむくと何やら地殻変動が起きたような感覚があって、それとともに私の中から「こうだ！」という実感が生まれてきていたのです。今思い出しても、なぜあのような短い時間にそれまで四十年も慣れ親しんできた左右の手を離した状態での刀の持ち方から、両手を寄せた刀の持ち方に変更できたのか、不思議でなりませんが、現実にそれが起きたことはたしかなのです。

そのように数十年間慣れ親しんだ状態からいきなり変わったため、翌日はさすがに不安になり、またもとに戻っているのではないかと思いましたが、恐る恐る刀を振ってみると、もはや以前のように両手を離した持ち方には体が納得していませんでした。そして、それ以降は一気に、この両手を寄せた持ち方へと、刀の持ち方を完全に変えたのです。

それから二年ほどの月日が経った二〇一〇年の春頃から、何やら真剣を振ると以前よりも迅速に変化させられるような状況が生まれてきました。そして、今もハッキリ覚えておりますが、二〇一〇年の八月十日、この日私は、私が合気道を稽古していたときからずっと親しくさせていただいている先輩の伊藤峯夫氏を招いて二人で稽古をしていました。そのとき、手の内の変化によって真剣が迅速に走るような実感が湧き、早速伊藤氏に打太刀となってもらい、左から右へと袈裟で刀を切り結ぼうとする瞬間に私がその刀を抜いて反対側、即ち表交差から裏交差へと抜いてみたのです。このとき、一瞬「何が起きた？」と思うような感じがしました。そして、あらためて二度、三度と試みているうちに、やがて私がかつて思い描いていたように、真剣が竹刀にも劣らぬ速さ、というより竹刀よりも迅速に変化させられたのだということを認識できたのです。さすがに、この夜は滅多にない感動が込み上げ、寝つくのに時間がかかりました。

「易から難へ」の学び方では限界がある

武道やスポーツに関わっている人たちで、私の技を体験した多くの人が驚きを隠さないにもかかわらず、その技をすぐ研究しようという人が、専門の選手になるほど少なくなることの理由の一つとして私が感じるのは、現在の多くの技芸の学び方が「易から難へ」という流れになっていることです。何か技術を学ぼうとするとき、ある程度わかりやすく、やりやすい動きから始めて、次第に複雑で難しい動きへと進展させることが広く一般化しているため、最初に体験したときに、それがどうしてできるようになるのか、その連想が浮かびがたい技に対しては、どうしても気持ちが引いてしまうようなのです。

例えば、本書の冒頭で紹介した、私が柔道家との組み手争いの折に用いる「払えない手」は、現代柔道の常識ではまず起こりえないことですから、どうやればこういうことができるようになるのか、常識的な稽古をしてきた人では、その手がかりが得られないのだと思います。

こうした技はだんだんとできるようになる種類のものではなく、「そんなことなどできない」と思い込んでいる気持ちの外堀を埋めていって、あるとき突然にできるようになる種類の技のように思います。

現在の稽古法、トレーニング法の問題点は、「科学的方法」に固執するあまり、感覚的なことを軽視しているあたりにもあるように思います。つまり、俗に「火事場の馬鹿力」と言われているような、自分がそのことをできるかどうかを考えている暇もないようなときには可能となることも、通常の意識下では難しいように、自分の中にある常識的な自分を確認している状況から自由にならないと、常識外の技もできるようにはならないということです。このような現在のスポーツトレーニングの常識である「量質転化」、つまり「数を多くやることで質的にも変化することができる」という考えから脱することができないと、いつまでも現状のままのレベル以上の動きができるようになることは難しいと思います。なにしろ、「苦しくとも頑張って数をこなしていく」というような武道・スポーツ界の常識が、動きの質的転換を阻（はば）む根本的な原因となっているのですから。

では、意識的な状態では稽古が難しいという技をどうやったらできるようになるのか、その手がかりとなる方法について私なりの見解を少し述べてみたいと思います。

私が勧める方法の一つは、第二章で紹介した「太刀奪り」という、自分に向かって打ち込んでくる刀をギリギリで躱すという動きを行うことで、その難しさをまず認識することです。これによって「易から難へ」という稽古法が、容易には成り立たない世界があることを実感してもらうところから始めてもらうのです。もちろんこれも絶対的なものではなく、私なりの一つの提案にすぎませんが、この入り方は「易から難へ」という稽古法が成り立ちがたいとはいえ、私の実感としては一番手がかりがある方法です。

まずこの動きが、今までスポーツ等で相当練習を積んできた人にとっても難しい理由は、打ち込んでくる相手に対して、その刀の軌跡から逃げようとすると、どうしても地面を蹴って逃げてしまうことにあります。そのような動きでは絶対に刀を躱すことができません。なぜならば、相手が打ち込んできたときに地面を蹴っていると、その蹴ろうとする動き、蹴りつつある動き、蹴りによって得られた力で体が動き始める、といった行程を、どうしても省略することができないからです。その間にどれほど速く頭や胴体を移動させても、そうした身体の部位を移動させるのに使った蹴り足か、その足以前に逃げ遅れている腰を相手に打たれてしまうからです。ですから、今まで日本でもトップクラスの運動神経を持っていると思われるようなスポーツ選手に、これを試みてもらっても、一人としてその場でできるようになった人はおりません。

また、私の武術の稽古に大変な情熱を持って取り組んでもらっている人たちでも、蹴ってはいけないということは頭では十分過ぎるほど理解しているにもかかわらず、いざ打ち込まれてくる刀を見ると、どうしても幼い頃から染み付いている、「地面を蹴って逃げようとする」動きが反射的に起きてしまい、打たれてしまうのです。

この、「理屈では十分わかっているにもかかわらず、身体が床を蹴ろうとしてしまう」という反射運動は、例えていえば、目の前にいきなり指を突き出されると、その相手が「絶対に目を突くようなことをしない」とわかっていても、それに対してつい反応して目を瞑(つむ)ってしまうようなことと似ています。人間にとって、危険状態から逃れる行動は、身体運動の奥底に最も深く染み付いている反射運動ですから、どうしてもそういう反応が起こりやすいのだと思います。

では、どうしたら床を蹴らずに打ち込んでくる刀から体を躱せるのか。それは、重力と体の回転力を組み合わせて行うのです。なぜなら、重力というのは、立っていれば位置のエネルギーとして、いちいちタメを作ったりせずに落下させることで、すぐに使えるわけですし、体を回転させるのにも、事前準備はほとんど要らないからです。

ですから、体を落下させる動きと体を内側あるいは外側に開く動きを、膝を緩めて身体が浮いているときに合わせて使えるようにしていくのです。ただ、身体はどうしても床や地面を蹴って動こうという反射が起こりかけますから、これを抑え込んで、というより組み替えて動くのは、そう簡単ではありません。そのため、この「太刀奪り」ができる人はなかなか育たないのですが、それだけに工夫のしがいのある技だと思います。

「居着くな」という言葉の本当の意味

前述した「床を蹴らない」武術的な身体の操作法で、これをスポーツに応用した場合にきわめて有効なものの一つである「浮木の腿」も紹介しましょう。これは、例えば前に行く場合、両足を前後に少し開き、前足をやや曲げて前重心の形で立ち、その重心がよりかかっている前足を、重心をいったん後ろ足に預けることなく、そのまま股関節から上に持ち上げる身体の使い方です。

こう書くと別にそれほど難しくないように思うかもしれませんが、講習会などでこの動きの条件を詳しく説明して実際に試みてもらうと、全員がまったくできないほど難しい動きなのです。なぜかと言えば、やや前重心に立った状態からその重心側の前足を動かすのに、一度後ろ足に体重を預けるわけでもなく、またその状態から少し前に膝を進めて時間を作り、前足裏にかかっている体重を一度軽くするわけでもなく、いきなりそ

浮木の腿　後ろ足に体重を預けずに重心側の前足を持ち上げる。

の重心側の脚足を股関節あたりから上げるのですから、その困難さはひと通りではないのです。試みようとした人が、この動きの求めている条件を理解すればするほど、びくとも動けなくなってしまうのが通例です。

ではこのほとんどの人たちができない動きをどうやって行っているかというと、重心をいわゆる臍下丹田（せいかたんでん）あたりに集め、腿をちょうどよく乾いた薪（まき）と考え、これを風呂の中に沈めたような状態からパッと手を離す感じにして、この薪がフッと浮いてくる状態と似たような感覚で腿を上げるのです。ただ、これは体に浮きをかけるという独特の感覚が身に付かないと、やはりかなり難しいかもしれません。

とにかく、この技ができたかどうかは、実際にサッカーの競り合いや、バスケットボールのブロックアウトのような場面で、相手に進路を遮（さえぎ）られても難なくそれを突破して自分が走りたい方向に走れるか、あるいは相手を浮かせて、その場所を取れるかどうかで、見極めることができます。「浮木の腿」ができなければ、どうしても後ろ足で床や地面を蹴る形になるため、相手と接している場合は、その接点にこれから自分が動こうとする方向をハッキリと予告するサインが出てしまいます。そうすれば相手は、確実にこちらの動きを感知して先回りすることができますから、止めることができるのです。

武術はもちろん、武道でも「居着くな」ということをしきりに言いますが、この「居着くな」という言葉は、床を蹴って動くことを含め、その場に自分が拘束される瞬間があるということを嫌う言葉なのです。ですから、日本を代表する武道の一つである剣道で、現在さかんに床を蹴ってお互いが打ち合っているというのは、じつは大変おかしなことです。ただ剣道家はまわりが全員それをやっているため、おかしいと思わなくなってしまったのでしょう。日本の武道も西欧的トレーニングを取り入れ、ますます西欧化してしまい、基本的な身体使いも、日本の武の技では本来やってはならないとされたことを平気で、しかも「正しい剣道」という但し書きまでつけて行っていることは大変問題だと私は思うのですが、このことを剣道雑誌も含めさまざまな機会に何度指摘しても、現在の剣道界には受け入れてもらえません。

話がちょっと横道にそれてしまいましたが、つまり前重心に立った状態で、その重心がかかった足から動くことができるかどうかということが、武術的な身体運用ができるかどうかの大きな関門、試金石となっているのです。そして、この関門を越えられ、重心側の前足の付け根である股関節からそのままひょいと大腿部を上げることができるようになれば、サッカーなどで相手と接した状態から相手とほとんど押し合うことなく、自分の行きたい方向に行くことができるのです。

なぜならば、先ほども述べたように、相手がこちらの動きを押さえたり止めたりするためには事前情報が必要だからで、この事前情報を出さなければ、相手がいかに押さえようとしても押さえようがないからです。つまり、通常は相手が地面を蹴って動こうとすることで発生する動作の「起こり」で、その情報が得られるのですが、「浮木の腿」は、なにしろ常識的な身体の使い方ではありませんから、これを止めようとした相手に事前情報を流さず、いきなり動くことができるのです。

このことでハタと思い当たったのは、私が身体に関して大きな影響を受けた、整体協会の創設者である野口晴哉(はるちか)先生が、「重心側だから動きやすいだろう」という言葉を残されていたということです。このことは、晴哉先生の御次男で、現在は公益社団法人となった整体協会全体の指導をされている野口裕之先生（私にとっては畏友でもあり、師でもある方）から伺ったのですが、当時誰もその意味が理解できなかったようです。この「重心側だから動きやすい」という言葉は、野口晴哉という傑出した人物の常人とは異なった身体感覚と身体運用法の特異性を表していると思います。

技とは常に変わり続けるもの

私の技を学ぼうとし始めた人が、混乱を起こすことがしばしばありますが、それは私の技が、時にその原理ごと変わってしまうからです。

例えば、すでに紹介しましたが、私はかつて刀を持つときに、現代剣道の常識のように柄を持つ両手の間を離していました。それは、私が学んだ鹿島神流の剣術もそういうふうに持っていたからですが、それが二〇〇八年の五月の終わりに「刀は両手を寄せて持つものだ」という気付きがあり、それ以来私は両手を寄せて刀を持つようになりました。そして、それから二年後、それまで夢であった真剣を竹刀よりも迅速に変化させることができるようになりました。

しかし、このことを私の技に関心を持つようになったごく少数の剣道関係者に伝えても、剣道は「正しい剣道」という縛りが非常にきつく、そうした立場から見ればじつに変則に見られてしまう両手を寄せた竹刀の持ち方は、なかなか受け入れられることがありませんでした。私は別に剣道のためにこの刀の持ち方を開発したわけではないので、その辺は「剣道の人は頭が固いですからね」と苦笑いをしてすませていました。

しかし、あるとき、私の技にかなり熱心に取り組んでもらっていた様子の剣道関係者から、「なんとかその両手を寄せた刀の使い方の効果を、両手を離した竹刀の持ち方でもできるようにはならないでしょうか」と訴えられたことがあり、ふと「そうか。それを工夫してみるのも、また何か面白いかもしれない」と思いました。もちろん、このときはその人の訴えに応えたいという思いが一番強かったわけですが、じつはもう一つ大きな理由がありました。それは、私が手を寄せて刀を持つようになってかなり経ってからあらためて考え始めたことでした。

どういうことかというと、かつて私が学んだ鹿島神流の剣術を広く世に出した國井道［みち］之［ゆき］（道之は号、本名は善彌［ぜんや］）師範は、現代剣道の大家といわれた一刀流の高野佐三郎師範と勝負して勝ちをおさめたり、名横綱といわれた双葉山を実地に指導して驚かれたりした人物なのですが、この國井師範は両手を離して刀を使っていたのです。國井師範ほどの技を使える人が両手を離して刀を使っていたのであれば、それはそのことに何か理由があったのではないかということは、もちろん私が両手を寄せて刀を使うようになった当初から考えてはいましたが、五年以上経って、あらためて考えるようになったのです。

そのことをさまざまに考えているうち、二〇一三年の秋頃、「國井先生は両手を離して持っていたけれど、あれはじつはほとんど片手で持っていて、もう一方の手はまさに添える程度だったのではないか」と考え始めるようになりました。そして、二〇一四年の一月の終わりに浜松で講習会を行ったとき、そこに参加していた熱心な剣道家が、しきりに「両手を離した状態でも威力があるように刀を使えないものでしょうか」と私に相談をされたのです。

そのときフト「國井師範は両手の間を離して刀を持っているけれども、じつは片手主体で使っていたのではないか」という考えを、実際に工夫してみようと思い立ち、その場で検討をし始めてみたのです。そうすると、まったく予想もしていなかった気付きがありました。刀を動かし始めようとするとき、いわゆる「起こり」といわれるものがあって、普通はそれで初動を察知されたりします。それが刀を持つとき、柄頭に近い左手を主体にして片手で持ち、鍔（つば）近くを持つ右手は本当に添える程度にしてみると、その「起こり」が消えてきて、驚くほど気配の消えた有効な打ち方ができたのです。

そこでさまざまな場面にこれを応用してみたところ、両手の間を離して打つことも状況によっては、かえって有効であることがわかってきました。

さらに、その刀を持つ力加減にも変化が出てきました。再び柄を持つ両手の間を離して竹刀を持った当初は、左手は柄をしっかりと支えて、右手は本当にごく僅か、言ってみれば左手九割七分に右手三分といった程度で持っていました。それが、その後また刀の使い方に新たな気付きがあり、今度は右手もある程度しっかり持っていながら、刀を使うのは手というより体幹部の力を主に用いることができるようになってきています。

このように私の技は、じつにめまぐるしく変わっています。ですから私はよく半分冗談で、「私の場合は、万年オオカミ少年で、言うことがコロコロ変わりますから、私の言うことはその時々に理解をしても、けっして信じないでくださいね」などと言っているのです。

こんなことを言うと、「あなたの技はそんないい加減なものなのか」と言われてしまうかもしれません。しかし、科学の発達の歴史を考えてみればわかることですが、さまざまな科学的な発見も常に修正に次ぐ修正を余儀なくされて、今に至っているのです。

技の気付きというものは、本来そうしたものなのだと、私は思います。研究していれば常にまた新たな気付きが生まれます。そして、その気付きがまた次の気付きを呼び込みます。このようにして絶え間なく進展していくのが技を研究していくということではないでしょうか。

不利な状況でこそ、技の進化は起こる

「型稽古でも、地稽古や乱取りでも、私が目指す武術の技の上達を期待することはとてもできそうもない。だとすれば、稽古法そのもののあり方から根本的に考えることを始めなければならない」。それが、私が二十九歳のときに「武術稽古研究会」を立ち上げた最も大きな理由でした。

そして現在までに実際にどういう稽古をしてきたかというと、だいたい仕手、つまり技を掛けるほうに不利な状況を設定し、その課題に対する動きを工夫します。例えば、自分の腕を相手に摑まれ、そこに相手の全体重をかけられてしまったような状態で、いかに相手を崩すか。あるいは、相手が積極的に自分の背後に入らせまいとしている状態で、いかに相手の背後をとるか。そういう明らかに不利な状況を設定し、それに対していろいろな角度から検討し、身体の動きの質的な転換によって、そのことを可能にする

のです。根本的な発想の転換が、それまでの常識を打ち破る新しい動きを作り出す。そうしたことを目指しました。

ですから、状況設定をして稽古をするという意味ではいわゆる型稽古に近いですが、定められた型を反復するわけではなく、基本的に自分にとって不利な状況の中で有効な身体の動かし方を探るのが、私が取り組んできた稽古法です。

人間は環境に適応する生き物です。甘やかされた環境では、動きの質の向上を図ることはできません。自分にとって不利で不自由な状況設定をするということは、厳しい環境に身体を置くということです。そういう環境に身体を適応させることで、はじめて常識を超えた身体の動きを出現させることが可能になると考えたのです。

ですから、私はよく世間で言われる「基本技をしっかり身に付けなさい」という言葉には、どうも眉(まゆ)に唾(つば)をつけてしまうのです。もちろん基本ということは重要です。

職人の世界などで長年培(つちか)われてきた基本は、それを知っているといないとでは天と地ほどの違いが出るほどのことがしばしばあります。しかしまた、そうした職人の世界でも、近代になって天才的職人が今までの常識の枠に縛られない工夫をしたことで、驚くべき道具を作ったりしています。ですから、便利である、よくできているということに慣れ親しんでいると、そのことがそれ以上の工夫を妨げる原因になっていることがあるということを、よく心に留めておくべきだと思います。

しかしまずは、基本を知っておくことが必要なのですが、その基本が、本当にたしかな基本かどうかということが大問題で、私は現代武道で言われている「基本」には、かなり疑問があるように思えてならないのです。

この章を終わるにあたって、私がここであらためて申し上げておきたいことは、本書の中で私は現代武道の常識にはない技や身体の使い方について、いろいろと説明してきましたが、これは私程度の者であっても、工夫次第でこうしたことができるようになったということであり、問題提起として申し上げているということを理解していただきたいと思います。

つまり、昔の武術の名人、達人に比べれば、はるかに未熟な私程度の技の持ち主が、こうして本まで出しているということは、本来嘆かわしいことであって、けっして褒められたことではないということを考えていただきたいのです。

第四章
「常識」の外へ

常識の裏や隙間に新しい発見・発明は隠れている

武術的な見方をするようになってから、私は日常のごく当たり前なものごとの中にも新たな驚きを再発見することができるようになってきました。

例えば、蒸気機関車が発明され、発展してきた過程を知ったときも、新鮮な驚きがありました。どういうことかというと、蒸気機関車の発達の歴史は、まず、馬車の代わりに蒸気の力で人間の乗った車輪のついた箱を動かせないかということから始まりました。ですから、当然モデルは馬車になります。そのため、馬車と同じようにその車輪のついた箱を移動させるには、馬車を引く馬の足に相当するものを作ろうということになります。初期の蒸気機関車が、線路の横を鉄で作った馬の足のようなもので地面を蹴飛ばしつつ進むということを発想したのは、まったく当然のことだったでしょう。

しかし、なかなかその試みがうまくいかず、そうこうしているうちに「その車（車輪）自体を動かす」という、それまで誰も思いつかなかったような発想が生まれてきたのです。今でこそ列車も自動車もそれが当たり前ですが、当時としてはこれがどれほど大きな発想の転換だったかということに気付いたとき、私は非常に感動しました。

つまり、人類の歴史を振り返ってみれば、それまでの車は常に人や動物に押されるか引かれるかして他動的に動いてきたのです。それが、この蒸気機関車の発明によって、車自身が動くようにするというふうに、発想が一八〇度転換しました。それによって、驚くほど効率のいい汽車が生まれ、そしてその汽車が動く原理をもとにして、自動車が生まれたのでしょう。

新しい発見というものは、今までの常識の裏や隙間に隠されていることが多いので、いかにこの常識を覆（くつがえ）してみるかというところに大きな鍵があります。この車（車輪）自身のほうを動かすことで乗り物本体を走らせるという発想の転換が、乗り物の状況を大きく変えていったことはたしかなことだと思います。

このような思考の癖がついてくると、その他のさまざまなジャンルのごく当たり前の日常的な現象についても、それまでとは違う洞察力が出てきます。例えば、缶詰が発明されてから、この缶詰を開ける缶切りの発明には四十年くらいもかかったという話を聞いたとき、なぜそんなにも時間がかかったのかについて、私なりの理由がすぐに思い浮かびました。

それはたぶんこういうことであったろうと思うのです。缶詰というのは、それまでの瓶詰めなどとは違い、金属の缶に食料を入れているため、軍隊の行軍などの場でこの容器を落としても簡単には壊れないことが大変喜ばれたということです。しかしこの「簡単には壊れないからいい」という事実が「缶詰とは簡単には壊れないものである」という思い込みになり、缶詰が簡単には開けられないということに関して、「だからいいんだよ、丈夫なんだから」というような肯定的な思いが生まれたのだと思います。ですから、当時缶詰はこれにナイフを突き立てたりして、現在から見れば、けっこう危ない方法で開けていたようです。ただ当時はすべて手作業が多い時代でしたから、その程度の危険さに対して別に誰も不審の念を抱かなかったのでしょう。戦場ならば、これは当然のことだと思います。

しかしその後、この缶詰が家庭でも使われるようになり、だんだんと開けるときは簡単に、しかも安全に開けられるようにならないものかという思いが人々の中に芽生えてきたのだと思います。そして四十年経ってようやく、缶切りの登場となったようなのです。

この「当初の思い込み」ということが、さまざまなことの進展を妨げているのは事実でしょう。ただ、缶詰と缶切りのような自分の身体とは離れて観察ができる道具の場合はこうした気付きもまだ比較的起こりやすいのでしょうが、身体を使った技術となると、道具のように客観的に眺めることが大変やりにくいですから、どうしても気付きや工夫がさらに遅れるのだと思います。私はよく逆風もうまく使って進むヨットを例にして身体の使い方の新たな工夫を説いていますが、それは現在の柔道などの武道関係者が、私の武術の技と術理をなかなか受け入れられないようなので、少し変わった角度から説明すれば理解していただけるかと思ってこのような例えも使っているのです。何しろ武道関係の人々には、師匠や先輩から伝えられた「何々はこういうものだ」という思い込みが非常に強くあるようですから。

キャスターの謎

私は、そうした思い込みからなるべく自由になって新しい発想を求めていますが、そのような日頃の習慣によって、身近にある道具をヒントにして考えた技の原理に、「キャスター・風見鶏（かざみどり）の原理」と呼んでいるものがあります。これは、キャスターや風見鶏といったものが、その車なり、風向きを示す矢印なりが、力が加わってきた方向に向くという原理を応用したものです。例えば「火焔（かえん）」という、親指を掌の内側に強く折り曲げて肘を少し曲げた状態で出した腕は、力を受けた方向に自然とこの腕が飛んでいったり、身体の部位が向くという働きを使います。

なかなか言葉だけでこの技を説明するのは難しいのですが、これを使うと例えばラグビーなどで「ハンドオフ」という、タックルを避けようとして相手から腕を突き出された場合、その腕に掌を「火焔」にした腕を接触させると、クルッと身体が相手に自動的

火焔

に抱きついていくので、相手に「ハンドオフ」をされたほうが、むしろタックルしやすいのです。これは現在のラグビーの常識にはまったくないようで、ラグビー選手などに実演すると驚かれます。

さて、この技の原理に例えとして使っているキャスターですが、これについては、私自身印象深い思い出があります。

私はさまざまな工夫をこらされた道具類や便利な工具類などには、人よりもかなり強い関心を持って観察し、その構造や原理の巧みさに感じ入って、その原理から技の工夫を考えてきたほうだと思います。しかし、もう今から十数年も前のことですが、ある日ふとキャスター(これは正式には自在キャスターというそうで、普通にただ台車の下についている方向転換のできない車は固定キャスターというそうです)を見ていて、「こんな便利なものがいつの間にこれほど身近に溢れるようになっていたのだろう」と、いささかショックを受けたのです。

何しろ、私がまだ二十代や三十代の頃、誰かの引っ越しを手伝って冷蔵庫などを運んだとき、冷蔵庫の下についていたのは普通の車、つまり正確にいえば固定キャスターですから、単一の方向にしか動きません。ですから方向転換が必要なときは冷蔵庫を持ち上げ、浮かせて行うしかありません。そのため、かなりの手間と労力が必要でした。それが十数年前、ふと気が付いてみると、そういった重いものはもちろん、机や椅子、あるいはホワイトボードなど、ちょっと移動が大変そうだったり、頻繁に移動させるものにはこの自在キャスターが多くつけられていて、それこそ身の回りがキャスターだらけになっていたからです。

いったいいつの間に、こんな便利なものが広く世の中に広がっていたのだろうととても気になり始めました。そこで、当時私は、講座や講演があるたびに、このキャスターの存在に気付き、感動した人がいないかどうかを聞いて回りました。残念ながら、なかなかそのような人には巡り会わず、多くの人が「え、これは昔からあったんじゃないですか？」という反応でした。そして、ずいぶん聞き回った結果、ようやく一人だけ、昔運送業をやっていた人が、「私は覚えていますよ。このキャスター付きの台車が出てから、我々はずいぶん楽になりましたからね。何しろ、それまではいつも丈夫な棒を持ち歩いていて、重い荷物があるときなどはその棒で梃子（てこ）をかませて方向転換をしていましたから。それが、このキャスター付きの台車が出てから、一切しなくてすむようになったので、非常に楽になりました」と私に事情を説明してくださったのです。

ちなみに、このキャスターが発明されたのは百年以上も昔で、私が小学生の頃も、じつは目にしていたことに気が付きました。それは何についていたかというと、グランドピアノの脚の下です。ただ、当時は、脚の真下とはズレて車輪がついているのは、何かデザイン上、洒落てそうしていたのだと思っていたのです。しかし、それにしてもこのキャスターが普及するのには、ずいぶん年月がかかったものです。

そこで、このこと、つまりいつ頃からこのキャスターが広く普及し始めたのだろうと、いろいろと聞き回った結果、ようやくわかってきたのは、どうやら一九九五年の阪神淡路大震災のあたりからキャスターが普及し始めたらしいということです。なぜこのことがわかってきたかというと、この話をしきりにしていた二〇〇二年か二〇〇三年頃、大阪のテレビ局に招かれたとき、そのテレビの司会の人が、「そういえば阪神淡路大震災のときに、日本の各地からたくさんボランティアの人が来て、そのときいろいろな資材を台車で運んでもらったのですが、その中の一人がこのキャスター付きの台車を使って、『へえ、便利なものがあるんだね』と言っていたという話を聞いたことがあります」と私に思い出を語られたからです。

さらに、もう一つわかってきたことは、今、二十七、八歳くらいの、つまり昭和の終わり近くに生まれた人たちが乳児の頃に乗ったベビーカーはほとんどキャスターがついていなかったようですが、今、二十三、四歳、つまり平成に入って少ししたあたりに生まれた人たちは、ほぼ全員キャスター付きのベビーカーに乗っていたようだということです。つまり、この昭和の終わりから平成の初めにかけての数年の間に、日本でキャスターが驚くほど普及し始め、さまざまなものにつけられるようになったのです。しかしこうした便利なことに大変敏感な日本で、どうしてキャスターが普及するのにこんなに時間がかかったのか、これは今でも謎のままです（海外では、日本よりかなり前から普及していたようです）。

そして、そのことを多くの人が自覚していないということからは、人間というのはすぐに楽なことに慣れてしまう生き物で、楽なもの、便利なことはすぐそれが当たり前になってしまい、感謝の念も忘れてしまうのだ、ということにあらためて気付かされました。しかし、新しいものを作る、新しい原理を見つけ出すというためには「温故知新」ではないですが、常に今あるものの中にあるユニークな発想に目を向け、そこから学ぶことが大切だと思います。

私が和装でいる理由

さて、日常での発見ということで、これはちょっと変わったことを、一つお話ししたいと思います。私の特色として、私のことを知っている人々が思い浮かべるイメージは、私が現代では珍しい着物に袴(はかま)の和装姿でいることだと思います。

私は自分が初めて羽織袴の装いで外出した日のことを、今でもはっきりと覚えています。

それは、三十五年以上前の一九七八年の大晦日(おおみそか)のことでした。翌年は三十歳になろうかというこの日、なぜか私は無性に和装で初詣(はつもうで)に行きたくなったのです。

すでに合気道や鹿島神流の稽古を始めていたこともあり、道衣と袴は着慣れていましたが、出かけるときに着られるような和服を持っていたわけではありませんでした。それがこの日、どうしても和服を着たくなったので、母親に頼み込み、母は父の着物を引っ張り出し、私は母のアイディアでスーパーで長襦袢の代わりになるネル生地の寝間着を買ってきて、襟を襦袢風にあしらってもらいました。帯は能楽に関係していた姉のものを借り、袴は稽古に使っているものですませました。そして、私には袖丈のかなり短い着物と稽古袴という、今思えば和装とはいっても寄せ合わせのかなり奇妙な出で立ちで、自宅の最寄駅から明治神宮を目指して電車に乗り込みました。

あの夜私が電車に乗ったとき、私の胸に去来した感情は、それまでまったく予想だにしなかったものでした。

電車に乗る前は人と違う格好をして、まわりから好奇の目で見られる気恥ずかしさをかなり感じるのではないかと思っていましたが、まったくそんな心境にはなりませんでした。それどころか、日本人であるはずのまわりの乗客が、なぜ、みな揃いも揃って似合いもしない洋服を着ているのか、そのことのほうが奇異に感じられてきたのです（女性は多少着物姿の人がいましたが、和装をしている男性に出会うことはありませんでした）。

例えて言うなら、明治のはじめに、田舎から横浜あたりに出てきた日本人の感覚に近いものがあったのではないかと思います。当時着るものと言えば和装しか見たことがない田舎の人にとって、洋装している日本人というのはずいぶん奇妙なものに映ったでしよう。滑稽な猿真似だと感じたのではないかと思います。

私は、洋服が当たり前の時代に生まれていながら、自分の気恥ずかしさなどどこへやら、洋服に身を包む大勢の日本人を見ている私のほうが、なんともいたたまれない気分になってきたのです。

そのときの印象があまりに強烈でしたので、当初は正月の間だけ和装のつもりだったのが、松の内が過ぎても、洋服を着て出かけようという気はついぞ起こらなくなってしまったのです。そこで和裁の達者な叔母に頼んで袴を縫ってもらい、でき合いのウールの着物を買い求め、和服で外出することが常となりました。以来三十数年、ずっと外出は着物と袴に朴歯の高下駄の姿です。なぜ、草履でも、普通の下駄でもないかというと、急に雨に降られても足が汚れないことと、不安定な高下駄は、それを履いて歩いているだけでも稽古になるからです。嵐の日とか山歩きのときは、紺の道衣と、私が考案した太い野袴のようなやはり紺のズボンが、もっぱら定番の服装です。

また、この一九七九年の正月は、私がそれまでの長年の悩みから解放された記念すべき正月となりました。なぜなら、それまでは、何か礼装をしなくてはならないとき、「ああ、スーツを着なければならないのか」という、それまでずっと付きまとわれてい

た潜在的な悩みから、自由になれたのですから。そして、それはまさに、私が武術の一研究者として、一人で歩み始めた時期にもなっているわけです。

なぜ私がスーツを着ることがそんなに苦痛であったかというと、「礼装そのものが嫌いだった」というわけではなく、これには私だけのきわめて特殊な好みが深く関わっているからです。この好みは私の人生に少なからぬ影響を与えていると思われるので、このことについて、ちょっと述べさせてもらいます。

私は自宅から電車で三駅ほど先の、私立明星（めいせい）小学校を卒業した後、明星中学校、高等学校と進んだわけですが、思い起こしてみると、ほかの中学校、高等学校へ行かなかった理由の一つに「ある物」に対する嫌悪感があったと思います。その「ある物」が、じつは現在私が和服姿でいることの最も大きな理由なのです。それは、洋服によく付いている、服が脱げないように留めている小物です。やけに持ってまわった言い方をしていますが、その理由は未だにその「ある物」の名前を口にするのも嫌だからです。ここまで書けば、「その物」が何であるかはみなさんおわかりでしょうが、念のため、この小物をカタカナで書くと芍薬（しゃくやく）に似た華麗な花を咲かせる木の名前と同じになることをお知らせしておきます。

これほど嫌悪している「ある物」ですが、なぜ嫌いになったか、その理由やきっかけはまったく不明です。とにかく物心ついた頃から嫌で嫌でたまらず、私の中で最も古い、三歳か四歳の頃の記憶にも、その「ある物」の付いた服を着せられて泣いていた、という情景があります。その後、ある程度自分の思いを表現できる年代になってからの普段着には、かぶる形式のセーターか、スナップ留めかファスナー付きのジャンパーといったもの以外は着なくなっていました。そのため、紺色でホック留め形式の制服であった明星中学校、高等学校は私にとって大変ありがたかったのです。

この「ある物」に対する嫌悪感は、薄くなったとはいえ今現在に至るまで、ずっと続いています。ですから、私が現在の武術研究者という職業を選んだかなり大きな潜在的理由の一つは、武術の専門家であれば、和装をしていても世間の人たちからそれほど奇異の目で見られることもないということがあったように思います。

身体を動かすには、動物性のタンパク質が多く必要……？

私が講習会などでよく質問されることとの代表例に、食物のことがありますが、食事の好みについてちょっとお話ししておきます。というのも、まわりの人から言わせれば、変わったものであるようなのです。

食事は昼と晩の二食、だいたい雑穀飯のようなものと、私が作るときは小松菜とかミツバとかの野菜をパッと湯通ししただけのもの、納豆、動物性のものとして、生卵と山羊のチーズを食べたりするぐらいです。生卵は、行者にんにくの醤油漬けと一緒に食べるのを好んでいます。

しかし、まあこれなら普通の人でも食べられないわけはありません。それどころか、おいしかったと言う人も少なくありません。

ただ、これは一般社会と私が折り合って暮らすための食事で、私自身はずっと以前から、できうるならば、発芽した生玄米と生野菜だけで過ごしたいという欲求が、少なからずあります。これはどういう食事法かというと、玄米を水に浸し、少し芽が出たものをすり潰し、野菜も湯通しせずに生だけを食べる。野菜は、力があって毒味のないものを選んでいます。レタスなんかはどうにもひ弱で、いくら食べても力になりそうな気がしませんし、ほうれん草は毒味を感じるので避けています。好んでよく食べるのが、先に触れた小松菜やミツバです。

なぜこのような食事にずっと憧れがあるかと言うと、そういう食生活を数十年前に一カ月ほど試したことがあるからです。そのときは、身体と頭が驚くほどすっきりし、その上、感覚が鋭くなって、身体も軽やかに自在に動くのです。

ただ、この食生活を、今の社会で続けていくのは大変に困難です。山ごもりのような生活をしていれば別ですが、出歩くことも多い私には、出かけたときに食べられるものがほとんどなくなってしまい、じつに不便です。もう一つの問題は、感覚が鋭くなりすぎて、町で遭遇する日常の些細（ささい）な一コマに、いちいち心が大きく反応してしまうことです。母親が子どもをきつく叱（しか）っているのをちょっと見ただけで、三十分ぐらい胸が疼（うず）くような痛みが残り、とても街中では日常生活を送れなくなってしまうのです。

そういうわけで、この社会で生きていくために現実と折り合いをつけようと、家では雑穀飯と湯通しした野菜を中心にしたものを一日二回食べる生活を送っています。が、出かければだいたい出されたものは食べています（ただ、甘い味つけや菓子は、できるなら避けたい食物です）。私がこうなったきっかけ、さらにそこから現在のような武術研究の道へと進むようになった理由は、大学で畜産学部に入り、現代の食を成り立たせている裏側を見てショックを受けたことにありますから、もうかれこれ四十年以上になります。この食生活にはずいぶん年季が入っているのです。

武術で身体を動かすには、もっと動物性のタンパク質を摂らなければいけないのではないか――と思う人もいるかもしれません。

でも、考えてみてください。ヒトの近縁種で、遺伝情報の九八・二五パーセントがヒトと同じであるというマウンテンゴリラは、タケノコやジャイアントセロリなど、炭水化物もタンパク質も脂質もほとんど含まないものを主食として食べ、あの巨大で頑健な身体をつくりあげています。握力などは五〇〇キロもあり、ビール瓶ほどの太さの竹なら握りつぶすほどの力を備える身体が、植物を食べることでできあがっているのです。それはおそらく腸内細菌が人間とまるで違うからでしょうが、この事実は、炭水化物にタンパク質、脂質やビタミン・ミネラル類をバランスよく摂らないと人間は生きていけないという現代栄養学の常識に、大きな疑問を投げかけます。

私は私なりに四十年以上、食べることと生きることの関係について調べ続けてきて、現代の最先端医療でも手に負えない難病が、断食や生菜食で回復したという事例をいくつも見聞きしてきました。ところが、現代の医学や栄養学は、それをまったく無視して、本気で取り上げようとさえしません。その姿は、自らがつくりあげた常識に居着いてしまって、身動きがとれなくなっているようにしか私には見えません。自在に動くことができなくなっては、その先に新たな世界を切り拓くことなどできるはずがありません。

これからの世界は、エネルギー問題をはじめ、さまざまな問題が、いよいよ深刻になってきます。それだけに、事実は事実として素直な眼でこれを見て、その事実と向き合う勇気が必要だと思います。

記念すべき、砂糖が嫌いになった日

食生活の話をもう少し続けると、七年ほど前から砂糖の入った甘い菓子や料理が嫌いになりました。このことは私の今までの人生の中でも本当に嬉しい記念すべきことでしたので、ちょっと書いておきます。恐らく世の中のほとんどの人は甘いものが嫌いになることが、なぜそんなに嬉しいことなのか理解できないでしょう。しかし、私にとってずっと以前から砂糖の入った菓子は麻薬という感じがあったのです。砂糖と縁を切りたいと思っていても、出されると食べることがあり、後で後悔していました。しかし、それが嫌いになったことで、食べようとする気持ちを我慢する必要がなくなり、晴れ晴れした気持ちになれたのです。

きっかけは、三十年以上ご縁のある身体教育研究所の野口裕之先生から勧められた

「禁糖」です。野口裕之先生については第三章でも少し触れましたが、「薬剤や器具を用いずに、人の身体を調整することにおいて、この人の右に出る者はいない」と言われた整体協会（俗称「野口整体」）の創始者・野口晴哉先生の次男に当たる方で、一般的に知られている野口整体とは違ったアプローチで整体を研究され、また、日本の伝統的な身体の動きについても研究を続けられています。

この、野口先生の勧めで、春先に一切の砂糖分を摂らない「禁糖」を始めたのは二〇〇八年のことです。果物はかまわないということでしたが、私は果物やサツマイモなど一切の甘いと感じるものを断つ試みを、十日間ほど行ってみたのです。そして、その「禁糖」の期間が明けて間もなく、人と会うために喫茶店に入り、コーヒーも紅茶も飲まない私は、一〇〇パーセントのオレンジジュースを頼んでみたところ、その甘さに辟易としてしまい、二口と飲むことができなくなっていました。このときの嬉しさは、今でも覚えていますが、人生で何度も味わったことがないほどでした。

その後しばらくすると、果物や、これも昔から好きだった干し芋などの甘さは受け入れられるようになりましたが、砂糖の入った菓子は食べられなくなりました。そのときは、まあ我慢して食べても、その後気持ち悪くなってしまうのです。今では、客として訪ねたところでお菓子を勧められ、どうにも断るわけにはいかないような場合、少し口にする場合を除いては、けっして自分から菓子類を口にすることがなくなりました。それに伴い、疲れ方が明らかに変わってきたのはありがたいことです。

それでも不思議なもので、果物や芋類のような食べ物本来が持っている甘さや、熱を加えず酵素が壊されていないニホンミツバチのハチミツ（これはセイヨウミツバチも同じでしょうが、私はまったく加熱していないハチミツはニホンミツバチのものしか知らないので）の甘さは、身体が拒む感じは一切ありません。禁糖をきっかけに、精製された砂糖を弁別するセンサーのようなものが働くようになってきたようで、人間の身体の感覚にはあらためて驚かされます。

思えば、人類の何万年という歴史においては、糖分が不足する状況は何度もあったはずで、そういうとき、身体の側で糖分の不足を補う機能が育ってきたようです。しかし、現代のように、いくらでも糖分を摂取でき、糖分が過剰になるなどということは、人類の歴史における未曾有（みぞう）の出来事であるようで、過剰な糖分が、身体がもともと持っていた調整機能を損ない、不調をもたらしているというのは十分に考えられることです。そして、その機能は、身体を糖分抜きの状態にしばらく置くことで復調し、過剰で純粋すぎる糖分を見分ける力も取り戻すわけですから、人間の身体はどれほどの力を秘めているのかと、あらためて驚かされます。

こんなふうに、甘いものが嫌いになったことを喜んで人に話すと、「そうやって人生の楽しみを減らして、それがどうして嬉しいのかわからない」と言われることもあります。そんなことを言う人は、私が酒もたばこも茶も菓子も摂らないと知るとあきれ返ってしまうかもしれません。

世の中で一般的に知られている代表的嗜好品から距離を置くからと言って、私は別に聖人君子（せいじんくんし）を目指そうとしているわけではありません。何より、私には武術の研究という大きな課題があり、それに集中するためにも、あまり他に関心を散らしたくないという思いがあることはたしかだと思います。ただ、だからと言って、嗜好品を摂らないように我慢しているわけでもありません。酒もだいたいは味も香りも好きですし、コーヒーも香りは好きですが、酒類は、もともとアルコールに弱いので、飲むと身体がむくむし、醒（さ）めるまで仕事にならない、コーヒーも一口二口はいけても、カップ一杯はどうしても身体が受け付けないのです。それに緑茶や紅茶は、味も香りも好きではありませんから、茶やコーヒーといったものでは、私は麦茶やブレンドされた穀物茶、薬草茶などで私の好みのものを飲んでいます。

最近では稽古以外の書きものやら講演やらの仕事がすでに処理しきれないほど増えているので、酒は飲んだあとに酔いが残っていると仕事にならず、時間がもったいないという思いが何よりもあるので、飲むことはほとんどありません。

ただ、もともと好きでもないので、我慢する必要がまったくありません。ですから、甘いものが好きな人が、無理に我慢して控えることは、お勧めできません。我慢は必ず反動がきて、かえって生活をメチャクチャにしてしまう恐れがありますから。

私が世間で言う嗜好品類が好きではないということは、私にしてみれば、それだけ武術の研究をはじめとする私にとって関心のあることに対して時間が割けますから、運がよかったと感謝こそすれ、不満はまったく感じていないのです。

自然界の森の働きと同じ仕組みで作物を育てる農業

今までの慣行や見栄を離れれば、ずいぶんと上手くいくことがあるのに、さまざまな思惑や体面を気にして、みすみすよいことも、なかなか普及しないことは少なくありません。現在の日本が抱える問題のいくつかを非常に上手く解決することができるにもかかわらず、まだなかなか普及しないいじつにもったいないものが、私が知るかぎりでもいくつかあります。

例えば、第一章でも少し紹介しましたが、私がその開発に関わり、介護福祉士の岡田慎一郎氏が展開普及している武術を参考にした介護法もその一つです。掌を返して、手の甲側を使うだけでも、ずっと楽に人を起こすことができるのに、なかなか広がりません。そして、今ここで多くの方々に知っていただきたいと思うのが、二〇一三年に私が出会った「炭素循環農法」という農法です。これも私の武術ではありませんが、常識的な農法をしている人たちから見れば、とてもにわかには信じられないような農法です。私はこの「炭素循環農法」を実践する人たちに農作業の体の使い方を指導するという講座を行う縁ができて、日本でこの農法を行っている農場何カ所かを見て歩き、そこに関係している人たち数十人に会って、いろいろと話を聞くことができました。その結果、この農法はきわめて優れた農法であることを確信しましたので、ここで、この農法を紹介して、縁のある方にここからの可能性をさらに拓いていっていただきたいと思っているのです。

この農法がきわめて優れている点は、まず農薬を使わなくてすむこと。そして、肥料も要らないことです。さらに、このことについては後で詳しく述べますが、農業経験も要らないということです。農薬も要らず、肥料も要らないなどと言うと、常識的な農法をしている人は眉に唾をつけるでしょうが、よく考えてみれば自然の森は肥料も要らないし、農薬を撒(ま)くことなく、はるか昔から存続してきています。

つまり、「炭素循環農法」というのはこの自然界の森の働きと同じ仕組みで作物を育てようというものです。

どこが普通の農業と違うかというと、微生物との共生によってこれを行っていくということなのです。つまり肥料からではなく、微生物が作物の根に必要な栄養を与え、それによって作物が健康に育つということです。この、作物の健康という観点から考えると、肥料は、それが化学肥料であれ有機肥料であれ、肥料分があれば植物はこれを摂取しようとしますので、その結果、栄養を摂り過ぎることになり、人間に例えて言えば糖尿病のような状況を引き起こすものと考えられるのです。ですから、まず畑には、基本的に肥料分はむしろないほうがいいのです。

ここはなかなか理解されにくい部分かもしれません。農薬に害があることは一般的に理解されやすいようですが、常識的に農作物には肥料は必要だと考えている人が多いと思いますから。その証拠に、何か若いときに行ったことや読んだ本が「人生の肥やしになる」という言い方が昔からあるくらい、肥料は必要なものと考えられています。しかし、栄養の摂り過ぎが害になることも知識としては常識的になってきています。植物（作物）も、そこに食べたいもの（肥料となるもの）があれば摂取してしまいますが、これが問題なのです。

何百年も生き続ける森は、肥料ではなく、植物と微生物の共生関係で保たれているのですから、作物の健康のために微生物を育て、これによって共生関係を構築しようというこの農法は、一見異端な農法のようですが、むしろ自然なものなのです。この植物と微生物の共生関係ができあがっていれば、微生物から少量ずつ、その作物にとって必要な栄養が与えられます。ですが、先ほども説明しましたようにそこに肥料があると、植物は肥料からの栄養を優先しどんどん取り込んでしまい、栄養過多の状態になり、共生関係も壊れてしまうようなのです。

では、この「炭素循環農法」ではどのようなことをするかというと、肥料の代わりに、微生物の餌となる資材の植物チップを、畑に入れるのです。その資材は炭素と窒素の比が三〇から四〇対一のものが適当だと言われており、そうした資材として最も適しているのが、竹なのです。竹は、現在農家の人手不足やプラスチック製品が普及したことにより需要が減り、そのためとくに西日本では竹が増え過ぎ、雑木林が竹林になりつつあるところがあちこちに見られて問題になっています。この竹を切って細かく砕き、チップ状にして畑に入れると、菌類の餌としては最も適していると言われますから、「炭素循環農法」を行うことは、まさに一石二鳥どころか一石三鳥、一石五鳥くらいの効果があるのです。

虫がこない畑

肥料も農薬も要らないというこの農法では、いわゆる自然農法とも異なり畑にほとんど虫がこないという話を聞き、私も最初は、いったいどのような原理が働いているのだろうかとずいぶん不思議な気がしました。しかし、だんだん理由を聞くにつれ、「なるほどそうか！」と目から鱗(うろこ)が次々と落ちる思いをしました。

なぜかというと、いわゆる無農薬の自然農法は作物が虫に食べられそうになるのを食物連鎖を利用して防ごうとします。つまり、蜘蛛(くも)やトンボなどの、そうした作物を食べるいわゆる害虫の天敵に当たる虫や生物が、これを食べてくれるということなのです。しかし、「炭素循環農法」の畑には、そうした作物を食べる虫を食べる肉食系の天敵、つまりトンボや蜘蛛などがあまりいないという話だったのが不思議でした。それが、その虫たちが少ない理由が、「虫によく食べられるような野菜は窒素分過剰な、人間で言えば糖尿病にかかっているような野菜なのだ」というふうに理解することで、「なるほどそうか！」と腑に落ちたのです。

このとき私の心に思い浮かんだのは、マゴット療法という治療法です。これは、糖尿病がひどく進み、身体の組織が壊死を起こしたようなとき、その壊死した組織だけを切開し、取り除くことは非常に大変ですが、そうした部分を専門に食べる無菌状態で繁殖させた蠅の幼虫である蛆に任せると、蛆は壊死した部分のみを食べ、生きている組織はけっして食べないということを思い出したのです。何か、これと関連していて、腐りやすいものに虫がつくということだと思いました。

窒素過剰な野菜は、夏などは冷蔵庫に入れておいてもベトベトに腐ってきます。しかし、栄養過剰でなく、健康に育った野菜は冷蔵庫に入れて日にちが経てば、しおれて枯れてきます。この違いを思い浮かべたとき、「炭素循環農法」のありようが、いかに自然の理に適っているかということを、深く納得したのです。

この「炭素循環農法」を実践し、伝えられている方々の話を伺うと、この農法は昔、篤農家と言われる、いわば農業の名人として尊敬されていた人たちが行っていた農法に非常に近いものがあるとのことです。昔は、竹材を簡単に細かいチップにできるような機械がありませんから、畑に入れる植物資材は主に落ち葉、あるいは草を刈ったものなどが用いられていたようです。それによってうまく微生物の活動を盛んにすることで、農薬も要らない立派な作物が収穫できることは、そうした人々の間では、十分に知られていたことのようです。

ただ、手間もかかりますし、竹材のような炭素と窒素の比率がちょうどよい資材がないときは、窒素過多にならないように、また逆に窒素不足のときは、いわゆる堆肥(たいひ)的なものを少量混ぜるなどという微妙な見極めの勘(かん)が必要であり、それだけに、いわば名人芸であり、これが広く普及されることはなかったようです。しかし、現代は竹などを細かくチップにできる大型機械が使える時代となり、またそのやり方も研究されてきて、農業にまったく素人の人が行っても、農薬も肥料も使わず立派な作物がとれるような方法、理論がほぼ確立されてきたのです。

そして、この農法は現在広く普及している農法と根本的に違うだけに、今までの農業の常識がない人のほうが、むしろ向いているとも言えるわけで、そうした意味でも、今後未経験の人が農業を始めるにはうってつけの農法ではないかと思うのです。

私がこの農法と出会ったのは、二〇一三年の秋ですが、その情報を私にもたらしてくれたTさんは、それまでまるで農業経験などない小柄な女性でした。またその後、私の影響でこの農法を始めたKさんはTさんよりもずっと年上で、およそ自分が農業をやるなどとは夢にも考えていなかった方ですが、そうしたまったくの素人の方でも教わった通りに地面に溝をほり、菌類（微生物）の餌となるような竹チップをはじめとする植物資材を埋め込み、余分な水分がたまらないように水はけを考えた処置を行っただけで、本当に虫が寄り付かず、作物が健康的にすくすくと育っているのですから、これは感動的です。

炭素循環農法と武術の共通点

現代は、若者の就職がけっして簡単ではない時代であり、就職活動で五〇社も六〇社も受けてなお内定がもらえず、ひどく精神的に追いつめられている若者が少なくないという話です。そうした若者が「炭素循環農法」を実践する方向に向けば、現在の農業後継者不足も解決する具体的な道が示せますし、今問題になっている増えすぎた竹もこれを積極的に活用できますし、さまざまな環境破壊のもとになっている農薬もなくせます。そして、何よりも希望と生き甲斐(がい)を持って生きられるということで、本当に一石何鳥もの働きがあると思うのです。

ただ、ここでもこの普及のネックになっているのは見栄でしょう。見栄や、今までのさまざまなしがらみからくる問題が、この「炭素循環農法」の普及を妨げる原因になっていると思います。

農薬も肥料も要らないということは、環境的には素晴らしいことですが、それを売って仕事としていた人々にとってはいきなり脅威になるわけです。これが盛んになれば、そうした人たちの仕事がなくなるわけですから、素直に他の仕事に移行していただければいいのですが、なかなかそうもいかないのではないかと思います。

似たようなことは別の業界にもありました。以前ある電機メーカーが、洗剤を使わず、超音波で汚れを落とす洗濯機を開発し売り出そうとしたとき、洗剤メーカーからクレームがつき、なかなか大変だったようです。同じようなことが、当然農薬関連の業界でも起こるでしょう。しかし、人類、いやこの地球に住む多くの生命体にとって、より自然で有益なことは何かと考えたとき、今何をやるべきかを考え、それを推進すべきだと思いますし、政治家というのは本来そのあたりをうまく調整して、よりよい環境を作っていくべきだと思うのです。ただ、そこに至るまではなかなか難しいことが数々あるでしょう。

私は、この「炭素循環農法」を知り、この農法をより多くの人に伝える交流会で、武術による、「より身体に負担のかからない農作業の方法を紹介する講習会」を行いましたが、このとき、この「炭素循環農法」と私の武術の考え方との間に、非常に共通するものを感じたのです。

どういう点かというと、現在の常識的慣行農法を、筋トレを行い、ストレッチをする現代の常識的トレーニング法だと考えると、そうした筋トレやストレッチをしないで筋力に頼らない私の武術と「炭素循環農法」はとても似ているように感じたのです。どちらも、これに触れた人は驚きますが、驚いてすぐそれを始めるかというと、なかなかそうもいかない人が多いところも似ています。

ですが、私の武術を始めた人で、その成果に気付いた人は、とても熱心になり、この稽古法にやりがいを感じて、それによって仕事のストレスなどもずいぶんと軽減されるようです。それと同じように、「炭素循環農法」も、素人の人が半信半疑で始めても、作物に虫が寄り付かない状況を見て、「実際こんなことが起こるのだ」と、その現実に驚き、ますます研究を深めていこうとする人が少なくないようです。この「炭素循環農法」は、世に知られるようになってからまだ数年程度で、本もありませんが、ホームページにかなり詳しく解説されており、それを参考にしたり実際に実践している人に話を聞かれるなどするといいのではないでしょうか。

また、この「炭素循環農法」と同じように微生物を有効利用して農薬も肥料も使わない農法を実践されている方もあるようですので、誰からか習ったことをただやるということではなく、自分でよく研究しながら、これを実践されると、さらに興味深い気付きがあると思います。

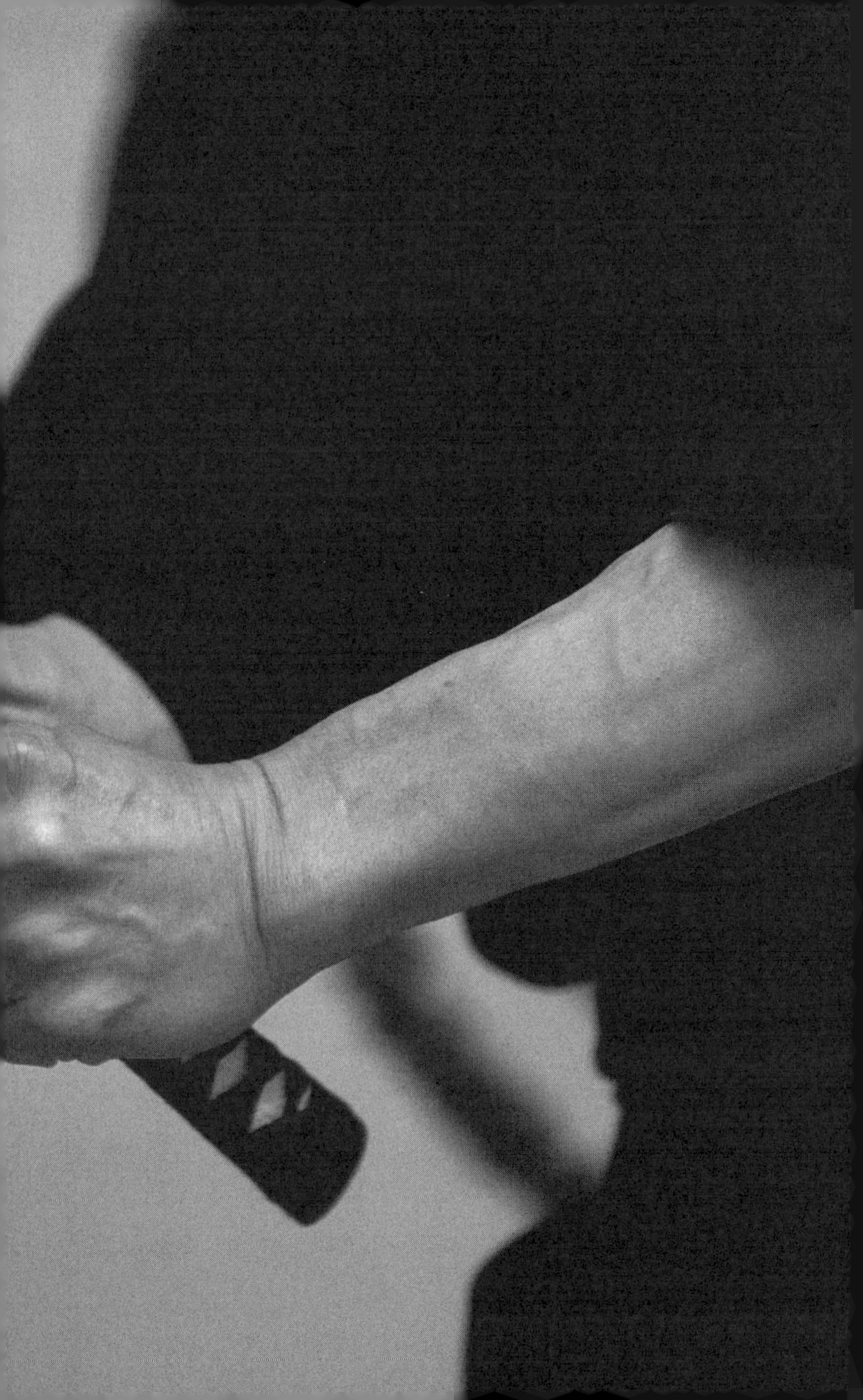

第五章

今までにない職業をつくる

本気の若者が育ちにくいもどかしさ

今の時代、どう考えてもおかしなことはいくつもありますが、例えば、現在多くの若い人を無用に苦しめている一般的な求人採用のあり方もその一つです。以前、東京ガスのコマーシャルで、就職活動の不安を抱えている就活生の姿を描いたコマーシャルにクレームが殺到し、東京ガスがこれを取りやめたという経緯がありました。たしかにちょっと無気味なところもあったコマーシャルでしたが、このコマーシャルを不快に思う人が多いというのは、現に就活生がそうした状況に置かれているからでしょう。そして、そのような就活生に不安を持たせるようなことをしているのは現在の就職制度そのものなのですから、それを描いた側に文句を言うよりも、こうした制度そのもののおかしさを改革するようにすべきだと思います。

これは以前から私が主張してきたことですが、就職試験の成績や僅かな時間の面接だけでその人の能力を計るということ自体、ずいぶんと無茶な話です。そういうことをするより、見習いのアルバイトとしてある期間使い、その人間の全体的能力を見た上で正社員として採用するかどうかを決めるほうが、よほど外れがないと思うのです。もちろん何百人という就職希望者をすべて試しに雇用するわけにはいかないでしょうから、現在の予備校がそうした役を担うという方法も考えられます。受験のための勉強を教えるという役目とは別に、そこに集まった若者を連れてさまざまな場所でボランティア活動などを行い、どのような能力を持っているかを見きわめて企業に推薦するというような形をとるなどというのも、一つの方法でしょう。

とにかく、より多くの企業や組織が若い人をバイトで雇って様子を見るということが、もっと一般化されるべきだと思います。また、就職活動を行っている若者も、早いうちから社会に出て、自分はどういうことを行いたいのか、このことをハッキリと自覚して、学ぶ態度も真剣になってほしいと思います。

私がかねてからもどかしく思うのは、例えば私の講習会に来て、そこで今までの常識にはないような技を見せたとき、武道やスポーツをやっている若者の目が、時には輝くようなこともありますが、かなりの場合、いったい何を考えているのかわからないような表情になっていくということです。若いときからもっとさまざまな経験をして、自分は何に興味があるのか、また今という時代に、自分たちはこれから何をすべきなのか、そうしたことを本気で考えられるような人間になっていれば、私の実演にもっと積極的な反応があるはずです。現在の学校制度では本気で物事を考えようという若者がきわめて育ちにくくなっていると思います。とにかく制度を根本的に検討し直し、子どもたちは中学に入るくらいの年齢からさまざまな仕事を体験するような教育方法をぜひ導入してもらいたいと思います。

現在の学校制度と求人採用のあり方が不備なことは、例えば私が関わっているジャンルで言えば、人の話を聞いてまとめるライターで、それなりの文章が書ける人がきわめて少ないということからもわかります。ライターという仕事は、「それが仕事になるのなら、やってみたい」という人たちがけっして少なくない職業だと思うのですが、「この原稿は私が話したことがよくまとまっているなあ」と思えるようなライターは本当に少ないのです。そして、この職業がそんなに難しいかというと、まったくこういうことの経験のない人の中に、普通のライターよりも、ずっとよく話をまとめて書ける人がいたりしますから、これに向く人が、潜在的にはある程度存在していると思います。

ですから、このライターという仕事の選考は、ある人が講演を行ったときに、その人の話の内容について、その人が何を言いたかったかをまとめてもらえれば、ライターとして仕事を任せられるかどうかが一目瞭然(りょうぜん)、じつにハッキリとするわけですから、学歴も何も関係なく、有能な人材が見つかるはずなのです。ですから、なぜこの業界がこんな簡単なこともしないで人材不足に陥っているのか、じつに不思議です。

とにかく、ここにも学歴などにこだわり、実質をないがしろにしているつまらない人間の見栄が働いていることはたしかだと思います。時代がますます渾沌(こんとん)としている中、より有能な人材が育つためにも、新たな求人方法、社員・職員の採用方法、そして教育方法をぜひ考えていただきたいと思います。

学歴を完全に無視した採用を

歴史を振り返ってみれば、今から百年以上前、日本が日露戦争に突入した当時は、「もしこの戦いに負けたら日本という国がなくなる」という危機感が広く国民の間に共有されていました。そのため、軍艦を修理する職人たちの意気込みも凄まじく、あまりに働きすぎるのでそれを見ていた軍人が「修理する軍艦はこれからも来るのだから、少しは身体を休めてくれ」と言ったほど、国民全体の団結力が高まっていたといいます。

しかし、太平洋戦争の頃になるとさまざまな制度が確立され、その中で建前としての議論が語られるようになり、見栄やメンツが優先されている中で、国民は特高警察などの目を恐れて本音を言わなくなり、事実をまったく正確には伝えない大本営発表といった空気の中で敗戦を迎えたのです。

何ごとも積極的に取り組むかどうかでその成果がまるで違うということは、誰もが十分承知しているはずなのに、なぜこのような馬鹿げたことが終わらずに、今も続いているのでしょうか。とにかく、そこには体面やメンツといった、実質とはまったく関係のない、つまらない見栄の感情から逃れられない人々の姿が浮かんできます。

こうしたことをいつまでやっていても、状況は悪くなるばかりでしょう。一刻も早く、こうした馬鹿げた形から抜け出した教育を始めてもらいたいと思いますが、現在の文部科学省に期待しても、とてもそれが叶いそうにありません。

ならば、民間の志のある人が、誰か立ち上がって、この状況を変えていただきたいと思うのです。そして、民間人が動く場合、最も有効な方法は、どこか骨のある企業のトップが思い切って新入社員採用に関して学歴を完全に無視した方針を打ち出すことだと思います。学歴を完全に無視した能力、人間力を中心とした採用を行っていけば、まず予備校の業界がそれに反応して動き、そうなれば社会全体の雰囲気がまるで違ってくると思います。そうなれば中学生くらいの年齢から仕事を体験し、また自由にさまざまなジャンルを旅してユニークな発想に磨きをかける者も出てくるでしょう。そうした人材を、目利きの人材ハンターが掘り起こし、企業に推薦するようにすれば、現在の学校で問題になっている「いじめ」や「学級崩壊」といったものまでまったく違ったものになってくると思います。

ここで少し言わせていただければ、こうしたことを根本的に考え、さまざまなアイディアを出す上で、武術の稽古は意味があると思うのです。なぜならば武術とは対応術であり、さまざまな状況の中で、どう対応し、何を選択していくかを絶えず工夫研究していくジャンルだからです。

しかし、こうした際の武術の稽古はあくまでも、自発的な興味によって行われなければなりません。ですから、中学校で柔道や剣道など武道の授業を義務化するという方針には、私はまったく賛成できません。

入門した当初に仕事を教えないことの意味

日本の伝統的技の習得法として、かつては職人などの許に弟子入りのために入門した若者が、入門してしばらくの間は親方や兄弟子から具体的な仕事については何も教えられず、仕事場の掃除やその他雑用などをさせられるということがよく行われていました。現在はこうした教え方は意地悪なことと見なされ始めているようですが（現にそういう例もないではないかもしれませんが）、私はこの教え方にはじつは深い意味があったのではないかと思っています。

つまり、こうした「技は盗め」という教え方には、入門してきた弟子に失敗体験をさせないという意味があったように思うのです。

失敗体験をさせないとはどういうことかと言うと、入門してすぐその親方や兄弟子のやっていることを真似すれば、当然のことながらうまくはいかず、「これはとても難しい、大変な技術だ」という思いが意識の奥に深く刻まれてしまいます。しかし、現実に道具などを使ってその技術を試しているわけではなく、頭の中で「ああだろうか？　こうだろうか？」とシミュレーションをしているだけであれば、そのかぎりにおいては失敗という経験をすることはありません。そして、ああかこうかといろいろシミュレーションをしていて、それが次第に自分の中で、ある道筋として見え始めてきた頃、親方から「ちょっとこれでもやってみるか」と道具を渡される。そうすると、まったく初めての場合に比べ、自分の中であれかこれかと思っていたことがそれなりに役に立って、道具を使いこなし、比較的問題なくある程度の形のものをつくることができるように思うのです。

つまりこうした教え方は、「これは難しいな」という感想が意識の奥に深く刻まれることがなく、その段階を通り抜けることができるのではないかということです。ですから、入門して当初すぐ技を教えないという方法は、それなりに意味があり、けっしてただの意地悪ではなかったということを私は感じるのです。

さらにこの方法は、仕事の全体を感じ取るという教育も自然に行われると思います。現代のように文字にしたマニュアルが主流ですと、どうしても身体感覚で体得するのと

違い、ある程度できるようになっていてもどこか大事なところが抜けていたりすること
が、少なからずあるように思います。

ですから、眼のある優れた指導者の許で修行を積むということは、非常に意味のある
教育法であると思うのです。

気付くとなぜかそこにいた

振り返ってみると、私も二十代の頃は、いろいろなところに出入りしていました。私は正式にその組織に所属してないのに、大きな顔をしてそこに出入りすることが得意だったのです。例えば弓にはずっと興味がありましたので、大学のときにアーチェリー部に出入りしていました。部員だったわけではないのですが、そこでまるで客分のような形でいろいろ好きに研究していましたし、その関連で弓の店や、小さな弓のメーカーにも出入りして、いろいろ手伝ったりしていました。

私が生きる上で大きな影響を受けた整体協会（現在は「野口整体」の通称で知られている）の場合は、もちろん整体協会の会員にはなっていたのですが、内弟子や指導者の勉強を始めたわけではありませんでした。それにもかかわらず、最初に縁ができた世田谷指導室の堅田俊逸（かただしゅんいつ）先生という、整体協会の創設者である野口晴哉先生の門下の中でも何人かに入る高弟の方のところに入り浸っていて、まだ幼かったお嬢さんたちの子守りをしたりしていました。まあ堅田家でも人手があると便利だったからでしょう、いろいろな用件を頼まれたりして、それらをこなしながらそこで整体の話を聞いたりしていましたから、全然資格はないのに内弟子同然のような感じでいました。

合気道の師匠である山口清吾先生に就いた場合も、本部道場で山口先生の稽古があるときに、私があまりにもいつもいるものですから、結局、世田谷にあった山口先生の個人道場が閉まりかける数カ月の間、そこの道場守を依頼されました。

また私の自宅近くの野鍛冶の親方のところにも足繁く通って、見習いのようなことをさせてもらっていました。私の鍛冶の技術の基礎は、そこで身に付けたのです。

当時はそういうことを意識してやっていたわけではありませんが、こうやって振り返ってみると、とにかく、気付くとなぜかそこに入り込んでいて、別に文句を言われず、そのうち、むこうも便利になって、いつのまにか中の人と同じような待遇になっているという状態に自然となっていました。

まあ考えてみれば、何か内弟子のような客分のような、何とも不可思議な状態で、さまざまなところに出入りをさせてもらっていたことは、その後の私の人生でずいぶんと役に立ったと思います。

このことは先ほども触れましたが、就職についても、昔はバイトで入っていて、「こいつ慣れてきたからそのまま使ってやろう」という感じで採用されることも多かったと思いますし、考えてみれば、そのほうが自然なのではないでしょうか。お互いに人柄もわかって、結果としてバイトが見習い期間になっていたわけですから、今の入社面接のように僅かな時間の面接で判断するのではなくて、見習いとしてそこにいるうちに、お互いだんだん感じがわかってくるというのは、すごく自然なことだと思います。

私などは、今でも自分が建てた松聲館道場にあまり身分も定まらないままいるという感じです。まあ何かそれなりの身分を書かなければならないときには、松聲館館主などと書いたりもしますが、どうも実感はありません。なんとなく、ここにいるという感じです。

私がそういうふうだからかもしれませんが、今私の稽古会や講習会に来ている常連の人たちも、別になんということなくいつのまにか常連になっていて、そしてそういう人ほど熱心に稽古しています。

私は二〇〇三年にそれまで続けていた「武術稽古研究会」を解散していますから、自然とそうならざるをえないのですが、そういう雰囲気にしておくと、稽古に来る人は一〇〇パーセント自分の気持ち次第で、強制感はまったくないですから、熱心な人は本当に熱心で、稽古が楽しくて仕方ないといった感じです。そして常連で熱心な人は役職名や段位のようなものには興味はなく、技ができるかどうかに何よりも関心がありますから、それは自然と昔の私と同じような感じになっていくのではないでしょうか。考えてみれば人間が何かをやるというのは、本来このような状態のほうが自然なのではないかと思います。

何もしない、あるいは、何をするか徹底して考える

どんな仕事をするかということで行き詰まっている人とも会って、アドバイスを求められることがありますが、無理に何かをしようと目標を持ってしまうと、だめな場合が多い気がします。まず、最初に興味があるかどうかが、何より重要で、その結果として何ができるのか、という順番だと思うのです。

それから、有名なスポーツ選手になろうとか、漫画家になりたいとか言う人たちに対して、「あきらめなければ夢は報われる」と言うのは、間違ったメッセージだと思います。あれはよくないと思います。どう考えても、大活躍するスポーツ選手や漫画家は僅かに決まっているわけで、ほとんどの人たちは無理ですから。

現実にそうした世界で有名になるということは、確率的にはものすごく低いわけですから、それを「あきらめるな」と言うことはいいこととは思えません。オリンピックに

憧れている多くの選手の間違っているところはそこだと思います。金メダルだけを目指したら、ある意味たいしたレベルまではいかないと思うのです。そうではなくて、「好きでやっていたら結果としてそうなった」ということでないと本当はおかしいと思います。それにもともと、オリンピックというのは、そういうアマチュア精神にのっとっていたはずです。

体操の内村航平選手などは、体操が幼い頃から面白くて、好きで好きで夢中になって取り組み、結果として抜群の選手になったわけですが、本来それがスポーツ選手のあるべき姿だと思います。

では、その好きなものが見つからない人はどうするのか。方法の一つとしては、いっさい何もしないことだと思います。出歩きもせず、ただずっと引きこもって、趣味的なこともいっさい何もしないことを自分に課すと、何かをせずにはいられない自分が出てきます。それでも我慢して、例えば三カ月くらい引きこもると、いろいろなものが新鮮に感じられる。

もう一つは、今の時代の矛盾を本当に考えて、自分が何をしたらいいかを徹底して考えることです。現代の食の問題や、医療や農業の問題や、考えることはたくさんあります。それを考えて突き抜けたら、何をしたらいいかもわかってくるでしょう。

私は数十年武術を続けてきていますが、昔からずっと長くやってきたという感覚はまったくありません。今やっていることはつい最近思いついた技ばかりですから、よく言われる「継続は力なり」などという意識にはまったくならないのです。絶えず別の自分がいますから、以前の自分は、別の自分です。だから目標といっても、今後自分はどれくらいできるようになるかというのは、全然わからないし、あるのは、かなりのことができるようになるかもしれないという、予感のようなものだけです。

あえてそれでも目標というのであれば、あまりにもはるかはるか先の目標になりますが、夢想願立の開祖である松林左馬助や新田宮流の居合を世に出した和田平助、あるいは起倒流柔術の加藤有慶といった人たちの妙技などに目標を置いています。松林左馬助は、門人に「いつでも自分を驚かせてみよ」、と日頃から言っていて、ある夏の夜、蛍見物に出かけた折、門人の一人に川に突き落とされそうになったのですが、突き飛ばされた状態で、フワリと川を跳び越え、そのまま家に帰ったそうです。しかもこのとき突き飛ばした門人の刀を抜きとって、川を跳び越えていたといいます。また、和田平助などは誰かが扇子で床をぽんと打つと、打ったときには同時に刀を抜いている。逆に直前で扇子を止めたときにはその動きに誘われることなく抜かないという、信じられないようなことができた剣客です。

また、起倒流の加藤有慶も、いくつもの超絶的エピソードが知られています。例えばその一つは、八畳間を閉めきった状態にして、周囲から門弟たち三〜四人がなんとか師である有慶を捕まえようとかかっていっても、その間をカゲロウのようにすり抜けて捕まらず、たまに捕まえたと思っても、一瞬でその門弟は崩され投げられていたそうです。

こうした、桁外れの名人、達人が目標だと、リアルな実感がないので、目先の技の得失に気持ちが乱されることがありません。

本当のプロ

自分の価値観さえ確立していれば、八百屋の店員だって、お客さんにいかに喜ばれるか、この人にはこうして、と工夫して、よりたくさん売って、より喜ばれて、「やっぱりあの人の言うとおりだ」とか、「あの店員さんと話すだけでも心がなごむ」とか、そういう人間になることをどんどん工夫していくのが、本来の人としての生き方ではないでしょうか。

その人とちょっと言葉を交わすだけでも「なぜか元気になる」と人々に言われるような人というのは、プロだと思います。何かの店の店員なのに、並みの精神科のカウンセラーよりよほど人を元気にするということも当然あるわけですから。ですからプロとして、他にちょっと真似できないような、独自の魅力を持った人がたくさん増えることは嬉しいことです。武術にかぎらず、八百屋なら八百屋で、教師なら教師で、それぞれが探求していった結果、「この人は話が通るな」「こんなところに人生の達人が隠れていたのか」という出会いが増えれば、生きている喜びが増えます。

私も一度、井の頭線の池ノ上駅から駒場の東大近くのレストランまで乗ったときのタクシーの運転手が、話しかけるとユーモアがあって、それでいて勝手にしゃべりすぎず、客の状況をさりげなく、それでいて非常に的確に把握していて本当に感心したので、タクシー代が七一〇円だったところを一〇〇〇円置いて、「いや今日はいい勉強になりました、今までタクシーはずいぶん乗ったけれど、運転手さんのような人は初めてですよ」と言って降りたことがあります。こういう人が、本当にプロですね。僅かな間の会話でも、センスのよさが光っているような、ちょっとした言葉のやりとりで際立つような人は滅多にいませんが、それだけに出会うと後々まで深く心に残ります。

以前、山形新幹線の車両販売員の中に一人、普通の販売員の三倍から四倍売り上げる人がいましたが、この女性なんかも思わず人が返事をしたくなる声のかけ方をするのでしょうね。セールスマンも上手な人は、相手に商品を勧めるのに、その商品がいいことを直接的には言わないで、その商品の周辺情報を語り、相手に「ああ、それはいい物だなぁ」という結論を出させるところが、プロのプロたるところです。これは教育でも優れた教師が生徒に向かって直接教えず、生徒自身がその教えたいことを自分で気付くように指導していくのと同じだと思います。

どんな道にも「プロ」という名に値する人がおり、またそういう人は、どこか精神が初々しいアマチュアであったりしますから、大変魅力的です。

ですからたんに「優勝したい」とか「メダルを獲りたい」ということではなく、「自分の進むべき世界だ」と思った道に進んで、結果として優勝するとか、成功するということが、スポーツであっても、他の道であっても、人が人として生きる本来あるべき姿だと思います。

自分で自分の道を切り拓いている人たち

文明の発達により、現代のように環境破壊をはじめさまざまな問題が噴出してきた時代の中で、多くの若い人たちに伝えておきたいことは、今までのように、有名な大学に行って一流と言われる企業に勤めるといったような思考を捨てて、今までにない職業を自分でつくるということを目指してもらいたいということです。

そのことに関して、私の身近で、すでにそういう方向を開拓し始めている人が何人か出ています。例えば、数学を専門としながら、どこの大学にも、組織にも属さず、「独立研究者」として、今まで誰も行ったことがない「数学の研究をしつつ、その数学という学問の魅力を多くの人に伝える」ということを始めた森田真生（まさお）氏。また、介護に携（たずさ）わっていて私のことを知り、私の武術を応用した介護法を学んで、その後この分野で「古武術介護」という一ジャンルを築き上げた岡田慎一郎氏。高校卒業後、二年間ほど私のアシスタントをし、その後数年で私の武術を基礎として、さまざまな体の使い方を工夫して、これを人々に教えるという道を歩み始めた私の長男の甲野陽紀（はるのり）。また、武術に関わるジャンルとしては、やはり私の武術に縁ができたところから、武術やさまざまな体の使い方の提案を行っている北川智久氏も挙げられるでしょう。さらにこうした体の使い方を指導するというジャンルの関連でいえば、山形でバランスボードやその関連の道具を作りながら、バランストレーナーとして活躍している小関勲（こせきいさお）氏も、今までにない職業をつくった一人といえるかもしれません。

　このように私の周囲にはそれまでの常識にはない気付きから、新しい職業をつくり、自分で自分の道を切り拓（ひら）いた人物が何人もおります。ですから、若い人たちには既成の価値観にとらわれず、より斬新な切り口で、今までにない新しい職業をつくりあげていただきたいと願っているのです。もちろん、無理やり新しい仕事をつくり出すということではありません。ただ、現代という、いまだかつて人間が経験したことがないほど、さまざまなややこしい問題が溢れてきている時代の中で、誰に対してもひけめ、ひるみなく、自分の信じる道を歩むため、職業選びをしていただきたいと思うのです。

　そして、そのためには、さまざまな問題に直面しても、それを乗り越えていけるだけの、「人間にとって何が本質的に重要か」ということについての自分なりの意見を持つことが、最も大切なことだと思うのです。そういう人間になっていくには、さまざまな状況下に置かれたとき、自分がどういう行動をとるかについて、日頃から自分の内側を見つめて、対話をすることを怠(おこた)ってはいけません。そうして、自分なりに「こうしたい」「このような世の中になってほしい」という考えを育て、その自分なりの考えが実現するために、あるいはその自分の願いに抵触しない職業をいかにして選ぶかということを考えて、広く世の中を見つめながら、自分の進むべき道を見つけていただきたいと思います。

念ずれば現ずる

私自身の二十代を振り返るとまず、現代農業や畜産業を根本的に見直す事態と出会い、合気道や鹿島神流などの武の世界と出会い、野鍛冶の親方などの職人の技と出会い、整体協会という身体に対する一般常識とは異なる世界と出会い、そして独立へと背中を押してもらった大河小説『大地の母』などに出会ううちに、自分の中に何かがたしかに育っていったのだと思います。

昔から、「念ずれば現ずる」といいますか、「自分の願いが、人として本来あるべき姿を追求しているものである以上、叶わないはずがない」という、根拠はないけれど、とてもたしかな感じがする自信のようなものが、少しずつ私の心の中に根を張っていったのだと思います。

ここで振り返ってみますと、新しい道に踏み出すために、いろいろな意味でやはり師匠は必要だと思います。昔から、「三年学ぶより、三年師を探せ」と言われますが、それくらい師匠選びは大事なこととされてきたのです。ですから、仕事上のトップや上司との関係でいえば、「雇ってもらう」というよりも、「習う、学ぶ」気持ちを持てる上司がいいでしょう。まあ、それは理想でしょうが、そういう上司が少ないことも事実でしょうから、上司とは別に、師を持つことも意味があるのだと思います。いわゆる稽古事をすることのメリットは、そういう場で師を得るという意味も大きいかもしれません。また、そうした師とは別に、何かの場面場面で、見事な気の利かせ方や技術を発揮している人から学ぶことも大切です。

私のところに武術を学びにきて、今ユニークな武術研究者として活動している北川智久氏などは、アルバイト先で出会った駐車場で交通整理をしている年配（ねんぱい）の人の車の捌き（さば）方に感心して、それを見習ったり、車の運転の教習所の教官の教え方からも大事なことを学んでいました。そのように相手が師匠とはまったく自覚していない人から上手に学ぶということも、人生では大切な才能だと思います。そういう才能をフルに使って自分の世界を拓いていけば、なんとなく周囲に流されている人たちとは異なってきて、自分の思いを実現させることも自然と何とかなっていくものです。

私は将来の生活設計などということはまるで考えず、とにかく自分のシナリオに沿って生きていこうと思っていましたから、多くの人たちがよく気にする、将来に対する不安というものは、二十代の中ほどまではまったくなかったといえば嘘になりますが、武術を仕事とする道に入ってからは今まで全然ありません。それは、鍛冶屋の経験もして、いちおういろいろな道具は造れるし、並みの農家の人よりも鍬(すき)や鎌の使い方も上手になったし（これは一つには機械化されてきて、現在、こうした手道具としての農器具を扱う人のレベルが下がってきたせいもあります）、どうやってでも生きていける、何とかなると思っていたからだと思います。身体を動かして摑んだものがあれば、むやみな不安に襲われるということは減るのではないでしょうか。

今の若い人たちも、何がやりたいのかわからないのであれば、とにかく体を使う仕事に飛び込んで体験してみたらいいと思います。そこで自分で問題点を感じ、そこから「自分はいかに生きるべきか」という自分なりの方向を探っていく。それが世界を変えることにつながるのではないでしょうか。

第六章

身体実感が世界を変える

ルールに縛られない武術の可能性

ここまでいろいろお話ししてきましたように、私の武術は現在、さまざまなスポーツや介護などのヒントになり、応用されています。なぜそのようなことが可能になるのかというと、武術というのはスポーツなどと違い、その動きをルールによって縛られていないからではないかと思います。

スポーツは、人間が決めたルールに従います。これに対して武術は、「肘関節は内側にしか曲がらない」「いきなり目の前に手を出されると、思わず目を瞑る」など、身体の構造や本能的に持っている反射運動といった、もともと備わっている生命体のルールを組み合わせたり組み替えたりして、その使い方を工夫して動きの質を変え、そうしたさまざまな試みを統合して成立しています。ですから、実際の運用に関してもすべて臨機応変で、その時々に自分が責任をもって行わなければなりません。

そうなれば、時には非常に厳しい選択を迫られることもあるでしょう。極端な例で言えば、今多くの人を巻き込むテロを行おうとしている者を前にして、生半可(なまはんか)なことではその行動を抑止、制圧できないとなったとき、あるいはその人物が命を落とすようなことになったとしても、その相手に対して強いダメージを与えることでその行動を阻止(そし)するべきかどうかということも判断しなければならないからです。そしてその際、その行動はすべて本人が決断しなければなりません。つまり、そこにはマニュアルも何も存在しないわけで、そうしたときは、この重大な行動の判断を僅かな時間で行わなければならず、そうした決断力を養うということも、武術の重要な稽古の目的だと私は思います。

そしてそのように、人が決めたルールに制約されておらず、あくまでも自分がすべてのことを決めなければならない武術だからこそ、さまざまなジャンルの稽古、訓練に役に立つのだと思います。

「人間の幸せとは何か」という基本的問いかけと向き合う

　これから先、時代が進み、臓器の培養や移植の技術が驚くほど進展して、首が飛んでも死なないようになってきて、何もかもすべて平坦な状態になってきたとしたら、どういうことになるでしょうか。私は、平和で豊かな今のほうが、かつて日本が貧しかったときよりも自殺者が多いという問題がもっと極端な形で出てくるように思います。

　丈夫でよく動く身体で、せっせとその身体を使っているのが幸せなのか、頭の中で考えたことを目配せ一つでしてくれるロボットをつくったり、脳みそだけが宇宙旅行してくるだけで満足感が得られるような世の中になることが理想なのか、という話です。映画『トータル・リコール』ではありませんが、庶民に特殊装置によって、リアルな夢の中でオリンピックで優勝した快感を味わわせることで不満が出ないようにするといったことは、人としてあるべき未来の姿でしょうか。ただ、最近の世の中を見ていると、何かに勝って嬉しいなどという喜びは、脳が感じるだけの話ですから、実現できてしまうような気もします。そうすると、逆に素朴な感じで、仕事をし、身体を使って薪を割ったりすることが、一番人が人らしい生活、贅沢な生活なのではないかと、そう思えてきます。

ですから、これからの若い人たちには、「人間が生きているとは何か」「人間の幸せとは何か」という、人間にとって最も基本的なことについて本当に考えてほしいと思います。

つまり、身の回りのさまざまな生活用具が機械化され、安全快適という環境の中で、ただ暇つぶしにゲームだけをやっているような世の中が理想的な世の中なのか、あらためて考えていただきたいということです。

子どもを育てるのも、手をかけることに喜びがあるのであって、ペットに対してなら純粋に愛情を感じるのに、子育てだとなぜそれを面倒くさく感じるのか。そういう問いは、出さないことにしようという感じで、いろいろなことが進んでしまっているようにも思います。

例えば防災対策の話でも、昔のネイティブアメリカンのように、ただ支柱を立ててまわりにバッファローの皮を被せただけの住居であれば、地震があったとしても、倒れたら、「あぁ、びっくりした」と立て直したらもう終わりです。地震対策も何もない。ひっくりかえったテントを立て直したら元通り、復興は五分ですみます。もともと失うものがなければ、たいしたことがないのです。それをどんどん生活が便利になるように、もうかるようにと自分たちでつくっていって、「困った困った」と言っている状態です。

江戸の庶民にしても、普段から八反風呂敷という特大の風呂敷の上に布団を斜めに敷いていますから、「火事だ」となったらくるくるっと巻いて布団を背負って、頭に鍋をかぶって、子どもにはいい着物を着せて逃げたそうです。家は自分のものではないし、布団と鍋という当時の庶民には貴重なものを持って逃げれば、あとはたいした財産があるわけではないので、焼け出された日の夕方は、もう楽しそうにしていて、それを見た西欧人が驚いたそうです。つくづく人が生きているとは何かを考えさせられます。

宗教に対して揺らぐのはなぜか

私は学生時代、禅の語録『無門関（むもんかん）』や『荘子』、それに新宗教に関する本などもよく読んでいたため、そうした雰囲気が出るのか、ずいぶんと新宗教の団体から勧誘されました。もちろんそういうときは敬遠することなくどんどん話に乗っていって、逆にこちらから相手の考えを根掘り葉掘り聞いていき、最終的には相手が困惑してきて帰りたがるくらいまで議論しました。

当時の私は、現代の農業や医療に対する根本的不信感があったため、「世の中間違っている。大学の教授なんていったところで、人間の生命の働きや大切なことは何もわかっていない、ただの技術屋じゃないか」という抑えきれない思いがあり、議論の相手を求めていたところもあったのです。ですから、四時間でも五時間でも議論し続け、結果として私自身の論戦技術も磨きがかかったのだと思います。

私がなぜそうした宗教のほうにいかなかったかというと、新宗教に関する本や、さまざまな能力開発法を説く団体などに関してもいろいろな情報を得ていて、超常的なことに対しても免疫（予備知識）があったからです。そして、それらを踏まえた上で『荘子』や禅の語録などに心惹かれていて、「人間とは何か」という根本的な問いに常に気持ちが向いていましたから、いたずらに新宗教（新興宗教）の勧誘を怖がらなくてすんだのです。

新宗教というと、何だかウサン臭いイメージがあり、たしかにひどく怪しげな教派もありますが、中には、新宗教といってもこれを開いた方の中には素晴らしい方も存在します。奈良の大倭（おおやまと）教の開祖、矢追日聖（やおいにっしょう）法主（ほうしゅ）はもう亡くなって何年にもなりますが、今も私にとって人生の得がたい師のお一人として深く尊敬しております。

宗教に勧誘されたとき、「気持ち悪いから近寄らない」という人がいますが、そういう態度をとるのは、自分なりに「生きるとは何か」という考えが確立されていないからだと思います。まあ、確立されていなくてもいいと思いますが、人間が生きるということに対して、真剣に考えて自分なりの意見と見方があれば、どういう勧誘があろうが「いくらでもつきあおう」と受けて立てるはずです。そして、そのためには相手に対して、安易に「そんな考えは迷信だ」と否定するのではなく、人類の歴史や人にとっての生きる意味を踏まえての議論でなければなりません。新宗教からの勧誘といっても相手にそれ相応の人を得れば、自分の考えが試される、ちょうどいい機会でもあるのです。

私は私を説得しようとする新宗教の人たちと話すとき、「ひょっとして私の『人間の運命は完璧に決まっていて、同時に完璧に自由』という確信を覆すほどの話ができる人と出会うことができるのではないか」という願いが、ほんの僅かですがありました。けれども、私を感心させるほどの考えとは、ついに出会いませんでした。それで「これはもう自分で確かめるしかない」という思いは次第に固まってきて、武の道に入っていくことになったのです。

新宗教でよく説かれているような超常的なことを否定している人は、かえってちょっとした超常的な出来事に出会うとビックリして逆にこれに引き込まれていってしまうことが往々にしてあります。かつて有名な大学の学生がオウム真理教に入信し、熱心な信者になったのは、人間が生きるとはどういうことかを本気で考えたことがなく、考えたとしても考え方が甘く、超常的現象などに予備知識（この世界は手品も多く、その真贋を見分けるのはなかなか大変です）がなかったからだと思います。

また、よくちょっと怪しげな能力開発の団体などに医師や大学教授などといった人が会員になっていることを謳っているところがありますが、そういう人たちも十分な予備知識という免疫がないことが多いですから、ちょっとした現象でビックリしてしまうことがけっこうあるのだと思います。私の場合、そうした世界の裏表にかなり詳しくなっていましたから、頼まれてディプログラミングといいますか、ある教団の考えに染まっていた若者を覚ましました（逆洗脳を行った）ことが二度くらいありました。

そういうときは、その教団で行っていることに対して「そんな非科学的なことはないんだ」と言って、その若者が所属している教団を貶めるような説教はまるで効果がありません。一番有効なのは、「おたくの教団はこうして線香あげるけど、〇〇教団も同じような奇跡的なエピソードがこんなふうに（具体的なエピソードを詳しく話す）あるけれども、あそこは、線香なんて霊界では煙くてしょうがなくて、そんなのあげるなって言っているんだよね。だけど同じようにこんなにいろんな奇跡的なことが起きてるんですよ。するとあなたが、あなたの教団だけが特別だって言える根拠はどこにあるんだろうね？」ということを話していき、次第にその人間を我に返らせるという方法が有効でした。

身分制度が果たしていた役割

現代は民主主義こそ善と考えられていて、封建時代の身分制度など旧弊の代表のように考えられていますが、身分制度というものもまた、一考に値するものだと思います。ある程度文明を築いてきた集団には、身分制度があるほうが普通でした。近代になってそれがなくなりますが、なぜ洋の東西を問わずそういうものがあったのかといえば、ある面では人間の自然だったのだと思います。身分制度が社会を維持する、構造を支えていた重要な要素だったということはあると思うのです。現に、現代でも職業や立場によって一種の身分制度的構造は残っています。

もちろん身分制度は問題点も非常にあるのですが、なぜ自然発生的にそれができたのかということは、あらためて考えてみる必要があるのではないでしょうか。

なぜならば現代は、科学技術の発達と、その平等観というものが同時に進んだ結果、いろんな人生の起伏をなくしてしまっているからです。例えばドラマなどのストーリーが、何もなく平坦だったら誰も見向きもしないでしょう。なぜ感動するかというと、いろいろな地位や立場の壁があったり、大変なことがあるからです。

ですから身分制度自体は、ある種の人生の起伏をつくる役割も果たしていたように思います。現代はさまざまなジャンルにおいて平等でのっぺりとしてしまった結果、急激に価値観がお金や見栄といったところに集中してしまったように思います。身分制度は悲劇も生みましたが、日本などは身分制度があった時代においてもわりあい流動的で、武士などの身分が上の者だけがいい思いをしていたわけではありませんでした。

革命というのは虐げられた者が立ち上がって起こすことが多いわけですが、日本の代表的革命である、明治維新の場合は武士が起こしたわけで、普通の庶民は全然関係ありませんでした。当時の商人などは別に武士にとってかわろうなどとまったく思っていなかったのです。武士は士農工商の上には立つけれど金もうけはしてはいけないことになっていましたから、商人たちは自分たちの今の暮らしのほうがいいという思いがあったようです。

アメリカの政治学でも、日本の徳川政権はなぜ長く続いたのかということが重要な研究テーマになっていると聞いたことがありますが、日本の政治形態の要点は、権力と富を離したことだと思います。だから外国人から見ると、身分が上の武士のほうが青白い顔をして窮屈そうで、庶民のほうが本当におおらかで楽しそうだったと言います。世界中で、こんなに下層の民が楽しそうに暮らしているところは日本以外なかったと、幕末に来日した西欧人は驚いたそうです。こうした話は、この後少し詳しく触れますが、『逝きし世の面影』という本に詳しく出ております。

ですから身分制度があったとしても、逆にそれによって無理な背伸びをしなくてもよくなり、庶民は庶民でとても楽しく暮らしていたようです。「努力次第で報われる」というのは、無条件にいいことのように言われますが、余計にややこしくなるという側面もあります。それに他の国では身分違いだと、同じ種族とは思えないくらい差別がある場合もありますが、日本では身分のある武士が「あの娘がいいな」と言えば、それが町人だったらとりあえず、どこそこのところへ形としては養女に出して嫁にするなど、けっこう融通が利いたりしたようです。

ですから自分が何に価値を置くかというときに、身分というものがある程度自分の枠として存在することで、かえって棲み分けができていたのです。変に平等ということで、向いていない者にまで無理強いして、「努力次第で夢は叶う」というようなことになってしまうと、ある面、平和を乱すようなところがあると思います。

また、この日本の身分制度について、ちょっと参考までに触れておきたいことがあります。それは、農民や町人の中には、武士に憧れを持っていた者ももちろんいたようですが、完全に棲み分けていて、「武士などしょうもない身分の者だ」と非常に醒めた目で見ていた者も少なからずいたようだということです。そういう例としては、面白い話が渡辺京二著『江戸という幻景』に出ています。この本の著者である渡辺京二先生には、先ほど書名を挙げた『逝きし世の面影』という名著があります。この本は幕末から明治にかけて来日した外国人が日本の印象について書いたものをいくつも比較検討して、当時の外国人が日本をどう評価していたかを考察した大著です。この本は社会的に大変高い評価を得ていて、多くの人々に読まれております。この本の著者である渡辺先生には私も何度かお目にかかり、『中央公論』誌上で往復書簡のやり取りを発表したこともありますが、この渡辺先生が、江戸期に日本人自身の手によって書かれたさまざまな評論やエッセイ、エピソード集などを独自にまとめられ、当時の日本人の意識を研究された本が、この『江戸という幻景』です。これから例に出す話は、『耳袋（みみぶくろ）』という根岸鎮衛（ねぎししずもり）という武士の書き残した本にあった話で、そこには、城の賄頭（まかないがしら）を勤める大木金助という武士の興味深いエピソードが書かれています。『江戸という幻景』ではその話が次のようにまとめられています。

ふつうの江戸っ子は武士を尊敬し、その恰好よさに憧れてもいただろうけれど、一方では武士という存在を相対化するしたたかな意識も持っていた。次の挿話はそのことを証する。

お城の御賄頭を勤める大木金助は、官務の間には絵を描き医業も施すという人物だったが、堺町の歌舞伎芝居を見物したときに知りあった十三歳の少年が絵が好き学問が好きで、とうとう大木宅に住みこんで書生のようになってしまった。この少年は芝居小屋の真向いの芝居茶屋の息子なのに、狂言を見ることが嫌い、弁当を芝居小屋へ運ぶのもいやという変り者で、明け暮れ学問ばかりしているものだから、これでは家業を継げぬと心配した親がいろいろと説諭するが利き目がない。とうとう親が諦めて大木にあずけたという次第だが、その親の大木に語った言葉が傑作だった。「倅の儀はとても相続いたし役に立つべき者にあらず、かかる不了簡（ふりょうけん）の者は侍にでも致さずば相なるまじき」。大木が根岸鎮衛を訪ねてこの話をしたとき、二人は顔を見合せて大笑いになったという（『耳袋』）。

今例に挙げたように、芝居茶屋を営む親は、武士という身分に対し、社会的にはそれ相応の敬意を払ってもいたのでしょうが、本心は「自分たちとは無縁のしょうもない人間たち」というふうに映っていたことはたしかでしょう。また、勝海舟の父にあたる勝小吉（こきち）の『夢酔独言（むすいどくげん）』を読んでみても、当時の町人が武士に対して少しも遠慮などしておらず、何かあればしきりと喧嘩をふっかけていたことがよく書かれております。

もちろん、場所により地域により、身分に関してはさまざまな悲喜劇があったでしょうが、日本の身分制度は、身分という枠が一応はあったものの、かなり流動的なものであったことは事実のようです。

自立とは自分なりの覚悟

今、「自立」というと、経済的に自己完結するということを言っている人が多いように思います。けれども私にとっての自立という言葉は、いろいろな状況下で、それに対して自分の意見が言えるかどうかということだと思います。

原発の問題一つにしても、一つの正しい答えがあるわけではありません。反対するとしたら、それによる不便さ等に対してどこまでどう対応できるのか、原発ゼロにするためにどういう生き方をしていくのか。一つの問題を解決したと思えば、「それじゃあこれはどうする」「あれはどうする」というような、いろいろな問題が出てくるものです。そのような中で、「自分はこれを選択する」という場合、そのための生き方の技術と覚悟が必要だと思います。

例えば私は、自分がガンなどの重い病気にかかったとしても、先進医療などを受ける気はまったくありません。食べられなくなると、胃ろうといって、直接栄養を胃に入れる処置をすることがありますが、私はそうしたこともまったくしたくないと思います。食べられないというのは生物として終わりなのだから、それ以上生きようとすること自体不自然だ、と考えるからです。

それに、これはもちろん、私自身の考えで、他人にまで強制する気はまったくありませんが、人間がこれだけ文明を進展させてきて、そのために多くの種の生物を絶滅に追いやったり、ひどく住みづらい環境にしておいて、自分だけ具合が悪くなったら先端医療でなんとかしようというのは、私にはとても気が咎めてできないのです。

私としては自分が生きることに対する姿勢、つまり、人間として生きるとはどういうことかという、生き方への矜持を自分がどれだけ持っているか、ということが一番重要なことなのです。それは正しい、正しくないということではなくて、その人の生き方そのものを表していると思うからです。ですからそれは人に強制するようなものではありません。各人がそれまで生きてきた中で、自然と醸成されてきた生き方のセンスそのものだからです。

前章で書いたような、森田真生氏や、岡田慎一郎氏、それに北川智久氏等、今までにない職業をつくっている人たちには、やはり、そういうオリジナルの見方や覚悟があるか、できつつあると思いますし、韓氏意拳という中国武術を普及する会を立ち上げた光岡英稔師範や、整体協会の中に身体教育研究所という新しい研究機関を創設された野口裕之先生といった、私にとって畏友とも師ともいえる方々は、本当に覚悟の決まっている方々です。自分なりの意見がある、考えがある。自立というのは本来、そういうものだと思います。

緩やかな連帯によって、時代を変えていく

今の時代はまだまだ、掛け声ばかりで、実質的に効果のないことが一向に改められない傾向にあります。

例えば、柔道などはよく外国選手に勝つためにといって、有力選手を集めて強化合宿などを行いますが、これもずいぶん時間とお金を無駄にしているように思います。

なぜかというと、有力選手を集めても、そうした有力選手同士は国内ではお互いがライバル関係ですから、実際はそうした合宿では、お互いの得意な技の手の内はなるべく見せたくないわけです。当然のことながら自分の手の内をさらけ出してしまうような稽古は避ける傾向になってしまいます。ですから、そんなことをするよりも、柔道はもともと個人競技なのですから、小さな団体に細かく分けて、自由に研究をさせたほうがよほどいい選手が育つと思います。なぜならボクシングなどでは、よく父と子が一体とな

って独自のトレーニングを積み、素晴らしい成績をあげている実例が少なからずあるからです。

こうしたことに少しでも目を向ければ、現在の状況を変えて、選手のレベルを上げ、しかも経費のかからない方法はいくらでもあるはずなのですが、なぜかそういう方向にはいかず、今まで踏襲してきたやり方に固執することが、とくに武道界では多いように見受けられます。しかし、これでは、この先も質のいい、新しい芽はほとんど育ってこないと思います。

また、このことも、私が今までさんざんいろいろなところで言ってきたことですが、稽古研究というのは本来、ライト兄弟が飛行機を作り上げることに情熱を傾けたような雰囲気のもとでやるべきであって、チャンピオンになる、とかメダルを獲るとかいった餌で釣って苦しい練習に耐えさせるようなことを、本来はやるべきではないと思います。

以前、レスリングがオリンピック種目から外れそうになったとき、私は、「本来その種目そのものに関心があり、そのスポーツを愛していれば、同好の士とその技を競い、研究することで十分な喜びが得られるはずなのに、なぜそれで満足できないのか」とツイッターでつぶやいたことがあります。「レスリングがオリンピック種目から外れるのは嫌だ」などというのは、余計な見栄や栄誉を求める気持ちがあるからで、それこそ本来のオリンピック精神からすれば、邪道というほかはありません。

教育も人間が人間となるために学ぶという本来の目的を離れて、実質的には受験のための学問となっていますから、これを邪道と言えば邪道に入っていると思います。スポーツも邪道、その上学問も邪道に陥り、なんだか現代の世の中は邪道ばかりが目につき、しかもその邪道が正当化されている観があるのですから、人心も荒廃し、おかしな事件が起こるのも無理はないと言えるでしょう。

とはいえ、現在周囲のほとんどが邪道に陥っている以上、真っ向からこれらに逆らえば、単に孤立するだけです。ある程度は同調しつつ、こうした状況をなんとかしたいと思う人たちの力をもう少し結集して、世の中の雰囲気を変えたいと思うのですが、そうした志を持つような人たちは、基本的に群れて何かをやることを好みませんから、そこがなんとも難しいところです。

ただ、私が考えているような緩やかな連帯によって、そうした自立した意見と技を持っている人たちが力を合わせやすい状況をつくり、時代を変えていけるのではないかという期待が多少は出てきたので、私もこうして本を出し、世の中の聞く耳を持っている人たちに訴えているのです。

とにかく、より多くの人たち、中でも若い人たちや、その若い人たちに身近に接する大人の方々には、今回、この本の中で私が申し上げたことを、ぜひとも本気で考えていただきたいと思います。

あとがき　志ある方の力を

以上さまざまに述べてきましたが、要するに私が今回この本で一番申し上げたかったことは、現代社会の数々の問題に関して、これを変革しようとさまざまなアイディアを出しても、人間のつまらない見栄がそれを阻(はば)む最も大きな要素になっているということです。これをなんとかして克服し、これからの時代を拓く若い人たちが育つことを心から願って本書を書きました。もちろん、こうしたことは一人の力ではとてもできることではありませんので、志のある方のご協力を心から期待しております。

とにかく本書を読まれた方々には、現在の体育等ではまったく教えられていない有効な身体の使い方があることに、まずは目を開いていただき、そうした身体を通しての実感から行動を始める方が少しでも増えていただきたいというのが、現在の私の立場からの願いです。

私の体の使い方に関心を持たれ、それをさらに追求していかれるスポーツ指導者、楽器演奏などに関わられる方々、また介護技術を指導されている方々の中で、志のある方などは、とくに力になっていただけるのではないでしょうか。そして、もちろん広い視野を持って会社経営などに携（たずさ）わられている方で、これからの社会がどうすれば良くなるかということを本気で考えられている方に、この私の思いが届くことを願っております。

最後に本書の執筆を強く私に勧めてくださったミシマ社の三島邦弘社長と星野友里編集員に御礼を申し上げたいと思います。また、本書の執筆に際しては、時間のない私を助けてくださった岩井邦夫氏、川副（かわぞえ）良太氏、平尾文（あや）女史にも併せて感謝の意を表したいと思います。

乙未之年　二月日

甲野善紀

装画　奥村門土

今までにない職業をつくる

二〇一五年四月六日　初版第一刷発行
二〇一九年一月二十五日　初版第三刷発行

著者　甲野善紀（こうのよしのり）

一九四九年東京生まれ。武術研究者。七八年に松聲館を設立し、独自の武術研究の道に入る。その研究がスポーツや楽器演奏、介護、教育の分野から注目され、日本や海外で講座を行っている。著書に『剣の精神誌』（ちくま学芸文庫）、『できない理由は、その頑張りと努力にあった』（PHP研究所）、共著に『古武術の発見』（知恵の森文庫）など多数。

発行者　三島邦弘
発行所　（株）ミシマ社
郵便番号一五二―〇〇三五
東京都目黒区自由が丘二―六―一三
電話　〇三（三七二四）五六一六
FAX　〇三（三七二四）五六一八
e-mail　hatena@mishimasha.com
URL　http://www.mishimasha.com
振替　〇〇一六〇―一―三七二九七六

写真　三枝直路
装丁・レイアウト　矢萩多聞
印刷・製本　（株）シナノ
組版　（有）エヴリ・シンク

ISBN：978-4-903908-59-5

好評既刊

近くて遠いこの身体

平尾剛

筋肉を捨て、感覚を深めよ。

元ラグビー日本代表が見つけた、スポーツ科学とはまったく異なる視点&「身体」と「教育」の新たな接点。

ISBN978-4-903908-55-7　1700円

街場の戦争論

内田樹

日本はなぜ、「戦争のできる国」になろうとしているのか？

改憲、集団的自衛権、就職活動……。「みんながいつも同じ枠組みで論じていること」に別の視座を与える、「想像力の使い方」。

ISBN978-4-903908-57-1　1600円

シェフを「つづける」ということ

井川直子

10年で奇跡　30年で伝説

2000年代、シェフを夢見てイタリアに渡った若者たちが、不景気とそれぞれの人生の現実に直面し苦闘する10年を追う。

ISBN978-4-903908-58-8　1800円

（価格税別）